# COMO LER O DIREITO ESTRANGEIRO

CONTRACORRENTE

PIERRE LEGRAND

# COMO LER O DIREITO ESTRANGEIRO

Daniel Wunder Hachem
(Tradução)

São Paulo

2018

CONTRACORRENTE

**Copyright © EDITORA CONTRACORRENTE**

Rua Dr. Cândido Espinheira, 560 | 3º andar
São Paulo – SP – Brasil | CEP 05004 000
www.editoracontracorrente.com.br
contato@editoracontracorrente.com.br

**Editores**

Camila Almeida Janela Valim
Gustavo Marinho de Carvalho
Rafael Valim

**Conselho Editorial**

Alysson Leandro Mascaro
*(Universidade de São Paulo – SP)*

Augusto Neves Dal Pozzo
*(Pontifícia Universidade Católica de São Paulo – PUC/SP)*

Daniel Wunder Hachem
*(Universidade Federal do Paraná – UFPR)*

Emerson Gabardo
*(Universidade Federal do Paraná – UFPR)*

Gilberto Bercovici
*(Universidade de São Paulo – USP)*

Heleno Taveira Torres
*(Universidade de São Paulo – USP)*

Jaime Rodríguez-Arana Muñoz
*(Universidade de La Coruña – Espanha)*

Pablo Ángel Gutiérrez Colantuono
*(Universidade Nacional de Comahue – Argentina)*

Pedro Serrano
*(Pontifícia Universidade Católica de São Paulo – PUC/SP)*

Silvio Luís Ferreira da Rocha
*(Pontifícia Universidade Católica de São Paulo – PUC/SP)*

**Equipe editorial**

Carolina Ressurreição (revisão)
Denise Dearo (design gráfico)
Mariela Santos Valim (capa)
Daniel Wunder Hachem (tradução)

**Dados Internacionais de Catalogação na Publicação (CIP)**
**(Ficha Catalográfica elaborada pela Editora Contracorrente)**

---

P517    LEGRAND, Pierre.

Como ler o direito estrangeiro | Pierre Legrand; Daniel Wunder Hachem (tradução) – São Paulo: Editora Contracorrente, 2018.

Inclui bibliografia

ISBN: 978-85-69220-40-4

1. Direito estrangeiro. 2. Direito comparado. 3. Hermenêutica. 4. Filosofia da linguagem. I. Título.

CDU: 340-5

---

Impresso no Brasil
*Printed in Brazil*

> *"[N]ada de essencial será feito se não nos deixarmos convocar (...) pelo outro".*
>
> Jacques Derrida[2]

---

[2] DERRIDA, Jacques. "Fidélité à plus d'un". *Cahiers Intersignes*, Paris, n. 13, pp. 221-265, 1998, p. 233.

# sumário

**PREFÁCIO** – Prof. Daniel Wunder Hachem    9

INTRODUÇÃO    19

I. EM VEZ DE SI MESMO    27

II. IMOGENE AO TRABALHO    101

**REFERÊNCIAS BIBLIOGRÁFICAS**    131

# prefácio

Era outono de 2017 em Paris. Em virtude de uma bolsa da CAPES, estava realizando uma pesquisa de Pós-Doutorado na Université Paris 1 Panthéon-Sorbonne, quando me deparei em uma livraria com a obra de Pierre Legrand sobre a comparação de sistemas jurídicos. Devorei o livro no mesmo dia. Na academia jurídica brasileira, não estamos acostumados a estudar o que se convencionou chamar de "Direito Comparado".[2] Há estudos, é verdade, que se arriscam de forma ora mais, ora menos comprometida com o rigor e a seriedade, a comparar ordenamentos jurídicos. Mas não há, contudo, uma preocupação em se estudar *como* fazer (e, principalmente, como *não* fazer) estudos jurídicos comparativos. As Faculdades de Direito no

---

[2] Segundo Pierre Legrand, a expressão deveria ser substituída por "estudos jurídicos comparativos" (em inglês, fala-se em *"comparative legal studies"*). Afinal, o que existe é uma comparação entre o Direito nacional e o Direito estrangeiro. Não existe "o Direito Comparado", como um ordenamento jurídico próprio, como um complexo autônomo de normas jurídicas. O que existem são *estudos* que comparam diferentes sistemas jurídicos.

Brasil, em sua absoluta maioria, não oferecem disciplinas sobre a temática, e as pesquisas que envolvem comparações no âmbito dos mestrados e doutorados são, via de regra, realizadas de forma tópica e intuitiva, sem maiores preocupações com a teoria e a epistemologia da comparação. Foi a razão pela qual a obra me pareceu tão interessante.

Em torno de duas semanas depois, ao conversar na biblioteca da universidade – a *Bibliothèque Cujas* – com uma aluna do Mestrado em Direito Comparado, ela me mostrou a grade horária com as disciplinas do curso, que teriam início na semana seguinte. Duas delas me chamaram a atenção: "Teoria e Metodologia da Comparação em Direito" e "Tradução Jurídica". Ambas ministradas pelo mesmo professor: por coincidência, era justamente Pierre Legrand. Busquei seu e-mail no site da Sorbonne e lhe escrevi, pedindo autorização para assistir às aulas. Poucas horas depois, recebi a resposta afirmativa, acompanhada do convite para tomar um café antes da primeira aula, que aceitei prontamente.

Foi assim que conheci o autor desta obra. Nossos encontros no café *La Favorite,* no Marais, ao lado do Centre Malher (unidade da Escola de Direito da Sorbonne na qual o Professor Legrand ministra suas disciplinas no Mestrado em Direito Comparado), tornaram-se habituais nos minutos que precediam as suas aulas. E as aulas, sempre instigantes, suscitavam reflexões que desacomodavam, tiravam-nos de nossa zona de conforto, interpelavam-nos.

## COMO LER O DIREITO ESTRANGEIRO

Ao receber a mensagem de meu querido amigo, exímio jurista e editor da Contracorrente, Professor Rafael Valim, sobre a sua ida a Paris para integrar um painel em um importante congresso, não pensei duas vezes: – Rafa, quero lhe apresentar a um professor que conheci por aqui... Aproveitando seus últimos instantes livres antes de tomar o avião de volta para o Brasil, reunimo-nos com o Professor Legrand no habitual café *La Favorite* (porque o professor é fiel aos seus hábitos, bem como aos seus cafés de estimação). Em poucos minutos, estava tudo acertado: o Professor Legrand prepararia para o público brasileiro uma versão de sua obra "*Comment lire le droit étranger*", que estava prestes a ser lançada na Itália, e a tradução seria publicada pela insurgente e prestigiosa Editora Contracorrente.

Este livro retrata, em uma narrativa ensaística, com pinceladas literárias e incursões filosóficas, a essência do pensamento do autor sobre a pesquisa que envolve a comparação em matéria de Direito. Adotando uma postura crítica à corrente dominante do juscomparatismo, Pierre Legrand põe em xeque os posicionamentos majoritários compartilhados pelo pensamento hegemônico na matéria, e o faz a partir das seguintes ideias-mestras:

1. *Crítica à visão positivista do Direito e adoção da perspectiva culturalista e interdisciplinar:* o autor rechaça o viés *positivista* de encarar o Direito, segundo o qual, para o jurista, o que importa são apenas as normas

jurídicas imperativas vigentes em seu próprio ordenamento, não lhe cabendo preocupar-se seja com o Direito relativo a outros países, seja com aquilo que está por trás e para além dos textos normativos. Tal pensamento, de um lado, menoscaba a relevância do Direito estrangeiro (o outro Direito, o Direito do outro) para fins de reflexão crítica sobre o Direito nacional (o "seu" próprio Direito). De outro lado, subestima a importância da investigação jurídica a partir do prisma de outros saberes (que não o jurídico) para fins de compreensão aprofundada das razões que levaram o Direito posto a ser tal como ele é. Nesse sentido, propõe a adoção da perspectiva *culturalista* e *interdisciplinar* de enxergar o Direito, mediante a substituição – para usar as suas palavras – da *"ideia (limitada, estreita) de 'Direito (positivo)' por aquela (aberta, ampla) de 'juriscultura'"*. Tal perspectiva parte da premissa de que a criação das leis, a elaboração de decisões jurisprudenciais, enfim, toda a produção do Direito se faz a partir de uma cultura na qual os seus participantes estão inseridos. Por meio de uma abordagem interdisciplinar, que extrapole as fronteiras do jurídico para beber da fonte da Filosofia, da História, da Economia, da Antropologia, da Literatura, entre outros saberes, é possível explorar as razões culturais (e os vestígios, aquilo que não está explícito no enunciado normativo, que está nas entrelinhas) que explicam e justificam a forma como o Direito é produzido em um local e momento histórico determinados.

## COMO LER O DIREITO ESTRANGEIRO

2. *Crítica ao "paradigma da autoridade" e adoção do "paradigma da alteridade"*: Legrand contesta a comparação jurídica realizada sob a égide do *paradigma da autoridade*. Nele, o que conta para fins de explicação válida do Direito é a autoridade em si mesma, seja ela a autoridade do autor que a apresenta ("essa norma tem esse sentido porque Fulano Beltrano, autorizado jurista, assim o disse"), seja a autoridade da norma decorrente da sua positivação ("essa norma se aplica assim, porque foi assim que ela foi positivada"). A comparação entre o Direito de diferentes países, no entanto, deveria segundo o autor pautar-se pelo *paradigma da alteridade*: em vez de se partir da autoridade de seu próprio Direito para julgar o Direito estrangeiro, o Direito do outro, o comparatista deve imbuir-se de uma "ética da comparação" baseada em dois valores primordiais: o reconhecimento e o respeito. Assim, conforme explica Legrand, a comparação fundada na alteridade jurídica é "*a comparação que, em vez de si, abre espaço para o outro Direito, que lhe dá a palavra. É a comparação da divergência, que, se for articulada em torno das ideias de 'reconhecimento' e de 'respeito', só pode ser a comparação da escuta. (...) Se não houver mais escuta do outro Direito, não haverá mais comparação de sistemas jurídicos*".

3. *Crítica ao "projeto da similaridade" e adoção da "análise diferencial das jurisculturas"*: o autor denuncia o "projeto da similaridade", abraçado pela concepção

hegemônica entre os comparatistas, o qual propugna que na pesquisa envolvendo comparação de sistemas jurídicos o relevante está em buscar identificar (e celebrar!) as semelhanças entre eles. Apoiados em uma "presunção de similitude", os defensores dessa perspectiva sustentam que os ordenamentos jurídicos são semelhantes até mesmo nos detalhes, e que o comparatista que concluísse pela existência de significativas divergências entre eles estaria equivocado em sua análise, não tendo logrado realizar uma pesquisa suficientemente aprofundada que fosse capaz de revelar a similaridade existente entre eles. Como contraponto a essa visão, Legrand defende a adoção da *análise diferencial das jurisculturas*, que tem como escopo reconhecer e identificar a singularidade (ainda que plural) de cada Direito,[3] constatando e respeitando as suas peculiaridades e sublinhando as suas diferenças, sempre buscando explicá-las com apoio nos elementos que são próprios àquela determinada cultura jurídica. Nesse sentido, os estudos jurídicos comparativos não devem ter como escopo unificar ou uniformizar os diferentes ordenamentos a partir da construção forçada, artificial e fictícia de supostas similaridades, mas sim conhecer as especificidades da realidade do outro, perceber o que ele apresenta de diferente em

---

[3] LEGRAND, Pierre. "On the singularity of law." *Harvard International Law Journal*, Cambridge, vol. 47, n. 2, pp. 517-530, 2006.

## COMO LER O DIREITO ESTRANGEIRO

sua cultura jurídica, e valer-se dessa experiência para refletir criticamente a respeito de "seu" próprio Direito – não com o propósito de realizar "transplantes jurídicos"[4] de um sistema a outro de forma automática, acrítica e descontextualizada, mas com o intuito de criar soluções jurídicas próprias ao Direito nacional, compatíveis com a cultura jurídica na qual ele está inserido, a partir de uma inspiração suscitada por meio da escuta da vivência do outro.

*4. Crítica à crença na objetividade e reconhecimento da incidência das pré-compreensões no trabalho do comparatista:* uma quarta ideia estruturante da proposta de Legrand parte de uma concepção hermenêutica do Direito. Ele nega que possa haver *objetividade* na atividade de descrever o Direito estrangeiro, tal como se fosse possível separar o sujeito (comparatista) da realidade cultural na qual está inserido para então

---

[4] Aliás, essa é uma das mais agudas críticas do autor à perspectiva dominante do comparatismo jurídico, que acolhe a ideia de "*legal transplants*" desenvolvida por Alan Watson em obra de mesmo título na década de 1970 (a primeira edição é de 1974; a segunda, de 1993). Tais críticas, que geraram forte repercussão na doutrina comparatista, podem ser encontradas no artigo LEGRAND, Pierre. "The impossibility of 'legal transplants'". *Maastricht Journal of European & Comparative Law*, vol. 4, n. 2, pp. 111-124, 1994. Há uma versão em português do texto: LEGRAND, Pierre. "A impossibilidade de 'transplantes jurídicos'". *Cadernos do Programa de Pós-Graduação em Direito – PPGDir./UFRGS*, Porto Alegre, vol. 9, n. 1, pp. 11-39, jan./jul. 2014.

analisar objetivamente o objeto (o outro Direito), permitindo ao primeiro uma leitura neutra do segundo como se este contivesse ontologicamente elementos intrínsecos capazes de serem revelados sem a intervenção de pré-concepções na atividade do "revelador", mediante uma visão despida de qualquer preconceito (no sentido de pré-conceito). Assumindo que o Direito é linguagem e que as normas jurídicas são construídas a partir da interpretação, o autor sustenta que a pesquisa comparativa está sempre "situada": o autor do estudo carrega consigo sua experiência, sua formação jurídica própria, sua cultura, suas apreensões em um momento histórico preciso e em um espaço territorial determinado. Tudo isso irá afetar a sua leitura do Direito estrangeiro, que jamais poderá ser por ele reproduzido tal como "é". O que o comparatista apresentará ao seu leitor será uma interpretação sua daquilo que lhe parece ser o outro Direito, uma construção própria, uma *invenção* forjada a partir das suas pré-compreensões, da sua leitura do Direito estrangeiro feita sempre através das lentes do seu próprio Direito, da sua forma de enxergar o mundo jurídico.

Essas são algumas das proposições principais presentes nesta provocativa obra que tive o prazer e a honra de traduzir, e que agora é oferecida ao público leitor brasileiro graças à iniciativa da editora Contracorrente e de seu competente dirigente, o

Professor Rafael Valim. É preciso registrar também, inclusive na linha proposta pelo autor do livro, que a tradução jamais representará exatamente aquilo que está presente na versão original. Traduzir é também interpretar, de modo que, por mais próximo que se tente chegar do pensamento retratado no original, o máximo que o tradutor será capaz de entregar será uma interpretação sua do texto, também marcada por sua experiência e por suas pré-compreensões.

Ao longo do livro, foram inseridas algumas notas de tradução com a marca,[NT] ora para elucidar aspectos que, sem elas, talvez pudessem gerar dificuldades de compreensão ao leitor, ora para explicar por quais razões foram tomadas algumas decisões de traduzir de uma determinada forma e não de outra. De modo geral, releva consignar aqui que o autor não usa no original a expressão "sistemas jurídicos" nenhuma vez. Todas as vezes em que se referia à comparação entre sistemas jurídicos, o autor utilizava a expressão "comparação entre Direitos". Por não termos, no Brasil, o hábito de falar em "Direitos" no plural (no sentido de ordenamentos jurídicos, de "Direito objetivo", que em inglês se traduziria como *Laws*, não como *rights*, que em português correspondem a "direitos subjetivos"), optei na tradução por falar em "comparação entre sistemas jurídicos".

É chegada a hora de estimularmos, no campo da pesquisa do Direito no Brasil, o desenvolvimento de estudos jurídicos comparativos, nadando contra o influxo dominante ainda dirigido à investigação ensimesmada no Direito nacional. Certamente esta obra terá o condão de conquistar novos tripulantes para a embarcação capitaneada por Legrand, que ao navegar por mares brasileiros encontrará marujos ávidos a acompanhá-lo nessa travessia, engrossando as fileiras daqueles que, na imensidão dos estudos jurídicos comparativos, arriscam-se a remar na *contracorrente*.

Curitiba, outono de 2018.

### Prof. Dr. Daniel Wunder Hachem

*Professor de Direito Constitucional e Direito Administrativo da Pontifícia Universidade Católica do Paraná – PUC/PR e da Universidade Federal do Paraná – UFPR. Pós-Doutorado pela Université Paris 1 Panthéon-Sorbonne. Doutor em Direito pela UFPR.*

# introdução

Estamos na contracorrente, certamente, porque se trata aqui de confirmar a relevância do Direito estrangeiro, em seguida investigá-lo de maneira significativa e, finalmente, conferir-lhe um valor normativo – seja no plano legislativo, judiciário ou doutrinário – a título de aprimoramento do Direito nacional,[NT] partindo-se do pressuposto de que a construção de si, no sentido rico do termo, deve passar pelo recurso ao outro. No entanto, tendo em vista a supremacia persistente do positivismo, cujos partidários têm olhos somente para as regras de Direito nacional em vigor e para as suas interpretações locais

---

[NT] No original, o autor utiliza a expressão "*droit local*" para se referir ao Direito produzido no próprio país, em contraposição ao "*droit étranger*", relativo ao Direito produzido em outros países. Optou-se na tradução por substituir "*droit local*" por Direito nacional, para que não haja confusão com a noção de Direito local compreendido como Direito produzido pelas entidades locais (por exemplo, no caso brasileiro, os Municípios).

autorizadas, a abordagem do comparatista – é assim que se chama o jurista interessado na alteridade jurídica, por meio dessa palavra (talvez um pouco soberba) que se remete comodamente àquele que participa do outro, do Direito do outro, do Direito tal qual ele existe em um outro lugar – é uma abordagem que opera inexoravelmente no contrafluxo das práticas jurídicas dominantes. O comparatismo, contudo, não tem a aparência de uma atividade intrinsicamente dissidente. E o que confere a essa estratégia seu caráter subversivo não é evidentemente o fato de se lançar num, estritamente falando, exercício de comparação. Comparar ou não comparar, não é essa a questão na verdade, porque o ser humano compara constantemente e necessariamente a fim de diferenciar, de compreender, de avaliar, de decidir. Isso se aplica à neurologia, bem como à ontologia. Em última análise, não há escolha e ao mesmo tempo é preciso escolher, todos os dias, várias vezes por dia. Todavia, toda escolha deve passar pela comparação: será isso em vez daquilo.

O que distingue o caso do Direito é que ele envolve uma questão de normatividade em um contexto no qual esta foi tradicionalmente concebida pelo pensamento positivista a partir de uma perspectiva estritamente territorial. No plano normativo, o Direito que existe para além das fronteiras jurídicas não foi investido de nenhum valor jurídico do lado de dentro dessas próprias fronteiras e, portanto, nunca se destacou da facticidade: o Direito estrangeiro é encarado como uma questão fática. Quando o comparatista se propõe a modificar essa dinâmica, o que está em jogo não são coisas totalmente banais, porque ele questiona a partir de então conhecimentos adquiridos tão primordiais quanto a concepção de si e do outro, do Direito e da política jurídica. Ele interpela, de maneira transgressora e perturbadora, os limites do positivismo (o Direito que conta, em termos jurídicos, está realmente limitado somente ao Direito nacional?), os contornos do conhecimento (quais são os méritos de um saber jurídico que suprime qualquer dimensão cosmopolita?) e o modo de formação da compreensão (a qual compreensão do Direito estrangeiro – superficial ou aprofundada, parcial ou total – pode o jurista legitimamente aspirar?). Trata-se, pois, de uma questão de ética, porque envolve uma disposição para a hospitalidade, para o reconhecimento e para o respeito do outro-jurídico.[NT] E trata-se seguramente de uma questão de poder, pois é o comparatista que, em seu trabalho, responderá em nome do Direito estrangeiro, e é da sua capacidade de abertura ao outro que dependerá a qualidade de

---

[NT] O autor utiliza na redação original a expressão *"autre-en-droit"*, referindo-se ao outro em matéria de Direito. Preferiu-se traduzir a expressão para "outro-jurídico" (isto é, o outro-em-matéria-jurídica) no lugar de "outro-em-Direito".

seu tratamento da alteridade jurídica. Se é fácil de imaginar que a comparação pode gerar decepção ou angústia naquele que com ela se envolve, e que a concorrência que ela suscita pode, assim, interromper o estado de satisfação tranquila do qual o comparatista poderia desfrutar – o escritor filipino José Rizal é bem conhecido por sua reflexão sobre o tema do "demônio das comparações[5] – resta inegável que a economia comparativa favorece o aprofundamento da mente humana e a promoção daquilo que poderia ser denominado de um Direito melhor, no sentido de um Direito nacional que evolui escutando o Direito estrangeiro em vez de se desenvolver isoladamente (um Direito atento e "todo-ouvidos"), tornando-se mais suscetível de possuir maior sofisticação, isto é, um nível mais alto de elaboração teórica ou um grau de competência técnica mais elevado. Percebamos, contudo, que esses desenvolvimentos não poderiam decorrer, como se costuma supor precipitadamente,

---

[5] Nacionalista filipino cujos escritos publicados no anoitecer da colonização espanhola contribuíram para a revolução e para a independência, hoje considerado como um herói nacional nas Filipinas, Rizal (1861-1896) publicou "*Noli Me Tángere*" em 1887, um romance polêmico. Nessa obra, Crisostomo Ibarra, em seu retorno às Filipinas após um período prolongado no exterior, não consegue mais contemplar o jardim botânico de Manille sem pensar melancolicamente nos jardins públicos europeus. Ibarra é habitado pelo "demônio das comparações" ("*el demonio de las comparaciones*").

do desvelamento pelo comparatista daquilo que seria a uniformidade dos ordenamentos jurídicos de um país a outro. Isso porque uma tal uniformidade faz parte da ficção, talvez daquilo que se chama em inglês de *"wishful thinking"*. Cumpre-me citar, para resumir adequadamente essas questões, o filósofo Emmanuel Levinas (1906-1995), que, todavia, não era jurista: "[O] Eu (...) não tem nada de comum com o Outro".[6] Paradoxalmente, a comparação, mesmo quando ela começa a estabelecer conexões fronteiriças, revela até que ponto inexiste um mundo que seja comum, sistemas jurídicos que sejam os mesmos, práticas jurídicas que sejam iguais ou valores jurídicos que existam de forma compartilhada aqui, ali e ainda lá longe. Ao nos convidar a nos interessarmos pela alteridade jurídica, a comparação nos obriga a constatar a singularidade do Direito. Não, o outro Direito – combinação cultural complexa e por consequência plural, logo, *singular plural*[7] – não é intercambiável com o nosso. Poderíamos também dizer, tal como o filósofo Jacques Derrida (1930-2004): "Todo outro é inteiramente outro".[8] Isso significa

---

[6] LEVINAS, Emmanuel. "Transcendance et hauteur". *In: Liberté et commandement*. Paris: Librairie générale française, 2016 [1962], p. 113.

[7] Ver NANCY, Jean-Luc. *Etre singulier pluriel*. Paris: Galilée, 1996.

[8] DERRIDA, Jacques. *Donner la mort*. Paris: Galilée, 1999, p. 110.

que o comparatista deve levar em conta aquele que é outro em relação a ele, aquele que se difere dele, aquele que não é como o "seu" Direito, mesmo que ele só possa se dedicar a essa empreitada com suas próprias palavras, com seus próprios conceitos. Fazer justiça ao outro e ao outro Direito por meio de palavras ou conceitos que não são os seus próprios, isto significa, literalmente, fazer o impossível. Sim. O comparatista se propõe à tarefa de realizar o impossível. Mas vamos ver.

Os dois textos que proponho aqui constituem atos de uma peça teatral. E pelo fato de que minha topografia, "marchetaria mal ajustada",[9] encontra-se em círculos e curvas, em voltas e reviravoltas, com algumas repetições também, os ensaios que ofereço à leitura, longe de serem um arranjo geométrico com linhas retas, praticamente não têm a trama de um livro, exceto, estritamente falando, sob um ponto de vista material. Apesar dos meus planos de compor uma montagem, não há nada nessas páginas que esteja completo ou acabado, terminado ou concluído, nada que faça parte de uma exaustividade ou de uma totalidade. O que eu tenho a compartilhar são somente fragmentos de reflexões que eu quis articular de acordo

---

[9] MONTAIGNE. *Les Essais*. In: BALSAMO, Jean; MAGNIEN, Michel; MAGNIEN-SIMONIN, Catherine (coord.). Paris: Gallimard, 2007 [†1595]. liv. III, cap. IX, p. 1008.

com uma lógica mais ou menos artificial, estando ciente de que a demarcação entre os dois capítulos esconde uma insuperável indeterminação – uma tal passagem do texto poderia necessariamente estar em um deles em vez de ter sido inserida no outro – e sabendo que o conteúdo dos argumentos se mantém no plano do provisório – um tal parágrafo poderia certamente ter sido formulado de forma diferente, talvez mais aprofundada, ou até mesmo ter sido omitido.

# I
# EM VEZ DE SI MESMO

    Interessar-se por um Direito estrangeiro, portanto por um Direito diverso do "seu" (como se o Direito pertencesse a alguém...), é, para o jurista brasileiro, antes de tudo, sair do território brasileiro. É também abandonar o ambiente do pensamento jurídico brasileiro, tal como este foi organizado para ele, por exemplo, na universidade brasileira onde ele se formou em Direito. Assim, o estudo do Direito da Inglaterra lhe permite notar que é possível construir um Direito sem Código Civil e que, portanto, a presença desse instrumento na caixa de ferramentas da regulação jurídica não é, de forma alguma, necessária. Mas significa dizer que os ingleses são incapazes de codificar seu Direito? Essa ausência de Código Civil significa que o Direito inglês é primitivo?

Não e não. Os ingleses conhecem bem os sistemas jurídicos nos quais prevalecem os Códigos Civis. Eles sabem que nesses países, como é o caso do Brasil, eminentes juristas se declaram satisfeitos com seus Códigos e não veem razão para se separarem deles. E os ingleses possuem – é preciso esclarecer isso? – as capacidades intelectuais necessárias para sistematizar seu Direito sob a forma de Código. A justificativa do modelo inglês, desse modo, deve ser buscada em outro lugar.

Por razões que se enquadram no que pode ser chamado de "mentalidade", constata-se que os ingleses consideram que um Código Civil não é compatível com a justiça. Aqui está uma ideia estranha para um jurista brasileiro, que pensa, por sua vez, que um Código Civil contribui justamente para promover a justiça. Este é o caso de dizer: o estrangeiro e o estranho andam aqui (e muitas vezes ...) de mãos dadas! Segundo o jurista brasileiro, ao estabelecer regras claras e facilmente identificáveis, um Código Civil torna o Direito mais compreensível e acessível – algo que vai em direção a um melhor senso de justiça. Além disso, um Código contribui para a coerência do Direito, notadamente entre áreas consideradas como relativamente independentes umas das outras, tais como o Direito dos Contratos e o Direito das Sucessões, ou ainda dentro de um mesmo campo – algo que vai também no sentido de uma justiça mais

## I – EM VEZ DE SI MESMO

sofisticada. Sob qual aspecto então um Código pode ser encarado com desconfiança, tal como ocorre na Inglaterra? Do ponto de vista dos ingleses, o problema reside principalmente no fato de que um Código enfatiza valores como a lógica e a simetria, e se apresenta (e apresenta o Direito) como um sistema objetivamente racional. Teme-se, na Inglaterra, que essas ideias de coerência e de sistematicidade impeçam o juiz de exercer a sua discricionariedade quando os fatos reclamarem soluções pragmáticas, mesmo que elas estejam fora de sintonia com outras soluções já existentes. Os ingleses são muito vinculados à ideia de que a justiça está menos relacionada à aplicação de uma conceituação "objetiva" a todos os litígios e mais ligada à adaptação da decisão do juiz aos fatos de cada caso concreto. E o mesmo ocorre quando se está diante de textos legislativos, que certamente podem também ser encontrados na Inglaterra, tal como em outros sistemas jurídicos.

Quando o jurista se situa em face de um Direito como o brasileiro, que diz sim ao Código Civil, e a um Direito como o inglês, que diz não ao Código Civil, ele deve perceber com clareza que esses dois sistemas jurídicos são "incomensuráveis" um em relação ao outro. Mas o que é a "incomensurabilidade"? Trata-se da ausência de uma "medida comum" a esses dois ordenamentos jurídicos, que, por si só, permitiria hierarquizá-los, "classificá-los" (dizer qual dos dois, por exemplo, é um Direito melhor do que o outro). Se duas entidades são incomensuráveis uma em relação à outra, é precisamente porque elas são entidades "sem medida comum" (aqui está, no sentido literal, o significado da palavra "incomensurável"). Imaginemos que eu tenha diante de mim uma mesa de centro com 50 cm de comprimento e uma escrivaninha de 90 cm de comprimento. É possível, para mim, notar que de acordo com uma medida comum (neste caso, o centímetro) a escrivaninha é maior do que a mesa de centro. Eu não posso fazer o mesmo quando se trata do Direito brasileiro com Código Civil e do Direito inglês sem Código Civil, ou seja, do Direito inglês casuísta (palavra cujo sentido se refere à ideia de "caso": um Direito casuísta é um Direito dos casos, um Direito do "caso a caso" – dizemos também um Direito "idiográfico", por oposição a um Direito das regras, como o Direito brasileiro, que é, por sua vez, "nomotético"). Não há medida comum entre a codificação e a casuística. Assim, um Direito codificado não pode ser considerado, em razão de sua forma codificada, mais equitativo que um Direito casuísta, e um Direito casuísta não pode ser considerado, em razão de sua forma casuísta, mais certo que um Direito codificado. Cada Direito responde às expectativas nacionais, que podem ser explicadas historicamente mediante o recurso a conceitos como a "cultura" e a "tradição". Também se poderia argumentar que cada um dos dois ordenamentos

## I – EM VEZ DE SI MESMO

jurídicos se refere a uma "episteme" específica – o filósofo Michel Foucault (1926-1984) defendeu muito a utilidade desse conceito. A episteme, expressão oriunda da palavra grega para "conhecimento", é de certa forma a estrutura sócio-histórica do saber, isto é, o conjunto de critérios que, em um determinado lugar e em uma dada época, tornam possível distinguir entre os diferentes tipos de conhecimento, preservando alguns por serem legítimos e descartando outros por serem ilegítimos. Por exemplo, enquanto no Brasil a episteme jurídica enfatiza a regra como base do conhecimento, na Inglaterra a episteme jurídica repousa sobretudo no conhecimento dos casos e dos fatos nos quais eles se baseiam. É também por causa dessa diferença tão significativa que Derrida recusa a ideia de "diálogo" nesse tipo de situação. Para que haja "diálogo", explica ele, é necessário que os dois interlocutores falem a mesma língua. Ocorre justamente que o Direito brasileiro e o Direito inglês não falam a mesma língua. Não estou me referindo aqui à língua entendida no sentido usual de idioma, mas à linguagem abordada de um ponto de vista mais geral, talvez mais metafórico também. O Direito brasileiro fala a língua da justiça de acordo com as regras, ao passo que o Direito inglês fala a língua da justiça de acordo com os casos, vale dizer, de acordo com os fatos. Pensemos no filósofo Martin Heidegger (1889-1976), que escreveu: "[A] língua *é* monólogo".[9] Mais uma vez, Derrida considera que o conceito de "diálogo" deve ser substituído pelo de "negociação".[10] Lembremos que há incomensurabilidade entre mais de um Direito quando eles não falam a mesma língua, quando um diálogo entre eles é impossível, quando somente uma "negociação" é exequível.

Em outros lugares, portanto, o Direito é pensado de outra forma. E estudando o que se pensa em outros lugares, podemos nós mesmos ser eventualmente convidados a pensar o "nosso" Direito de forma diferente – ou, pelo menos, a questioná-lo. O interesse por um outro Direito é traduzido por uma desterritorialização, que pode se tornar também uma desterritorialização intelectual (ou cognitiva) além de geográfica. Tomar em consideração o outro Direito é um ato que marca também uma "destotalização". "Meu" Direito não é mais "todo" o Direito que conta para mim, o que significa que eu aceito que há, em matéria de conhecimento jurídico útil, outra coisa para além do "meu" Direito; que há outros Direitos que podem, eles também, possuir valor normativo no "meu" Direito; não, certamente, a título obrigatório,

---

[9] HEIDEGGER, Martin. *Unterwegs zur Sprache*. Pfullingen: Neske, 1959, p. 265. O verbo aparece em itálico no texto original.

[10] Ver DERRIDA, Jacques; LABARRIERE, Pierre-Jean. *Altérités*. Paris: Osiris, 1986, p. 85.

## I – EM VEZ DE SI MESMO

mas sim de um ponto de vista persuasivo. Sendo assim, uma questão surge imediatamente. Em qual medida o jurista brasileiro que deseje estudar um Direito estrangeiro pode evitar encarar esse Direito através do prisma do seu próprio Direito? É possível, por exemplo, ao jurista brasileiro estudar o Direito inglês sem chegar à conclusão de que ele "carece" de um Código Civil? Afinal, os ingleses, sob seu ponto de vista, não têm a impressão de que o seu Direito careça de coisa alguma. Assim, o jurista brasileiro que tratasse da ausência do Código Civil na Inglaterra como uma "carência", isto é, como um "defeito", como algo de "lacunoso", trairia de alguma forma a experiência jurídica inglesa tal como ela é vivida pelos próprios ingleses. O jurista brasileiro faria aquilo que se chama de "projeção". Ele aplicaria ao Direito inglês sua concepção própria da codificação e, ao fazê-lo, obscureceria a concepção inglesa das coisas. Essa projeção corresponde àquilo que os antropólogos qualificam de "etnocentrismo". É preciso que o jurista brasileiro evite cair nessa cilada. Caso contrário, suas conclusões, indevidamente "coloridas" por sua própria formação jurídica, não serão confiáveis. Se ele procedesse etnocentricamente, o jurista brasileiro incorreria no que Derrida chama de "falsa saída".[11]

---

[11] DERRIDA, Jacques. *Marges*. Paris: Editions de Minuit, 1972. p. 162.

Ele não teria, no fim das contas, realmente deixado o "seu" Direito para se abrir a um outro Direito, ao Direito do outro.

Certamente, um etnocentrismo num grau mínimo resta inevitável, porque o jurista brasileiro não pode simplesmente se reinventar da cabeça aos pés. A concepção do Direito da qual ele foi impregnado durante seus anos de estudo na Faculdade de Direito constitui agora uma parte de sua identidade. Imogene é uma jurista brasileira. Rafael é um jurista brasileiro. Ela é isso. Ele é isso. E eles continuarão sendo isso (é claro, eles são também outras coisas além disso: mulher/homem, curitibana/porto-alegrense, católica/ateu e assim por diante. Mas eles são notadamente juristas que estudaram o Direito no Brasil e que, portanto, foram assimilados à cultura jurídica brasileira: eles a carregam como um elemento da sua própria identidade). A partir de então, seja para Imogene ou para Rafael, o Direito estrangeiro será necessariamente abordado através do prisma do Direito brasileiro. Dito de outra forma: para eles, o Direito estrangeiro vem inevitavelmente depois do Direito brasileiro, o que significa que se trata de um Direito totalmente "derivado", que será necessariamente compreendido a partir do Direito brasileiro. É um pouco como em matéria de idiomas, em que nos apoiamos sobre as noções do primeiro (o que é um verbo, o que é um adjetivo...) para aprender

## I – EM VEZ DE SI MESMO

o segundo. Em suma, como diz o ditado popular, "nós não podemos nos recriar" (no máximo um pouco...). Eu sou incapaz, por assim dizer, de me desprender de mim mesmo. Sou "eu" quem aborda o estudo do Direito estrangeiro. E esse "eu" se remete notadamente à minha condição de jurista brasileiro, a esse jurista cujo conhecimento jurídico é condicionado por uma dada episteme que foi incorporada a mim (e que eu permiti que se incorporasse, que eu quis que se incorporasse...). Podemos certamente lamentar essa situação e considerar que seria realmente magnífico poder estudar outro Direito sem qualquer compreensão *a priori*, sem a interferência de um juízo prévio, na ausência de qualquer preconceito. Isso, porém, é impossível – e é preciso saber disso. Nesse sentido, o jurista brasileiro que estuda o Direito estrangeiro é necessariamente prisioneiro de um ambiente mental que, é claro, pode se manifestar de maneira mais ou menos intensa (há juristas com mentes mais abertas do que outros, mais receptivos a maneiras diferentes de pensar o Direito...).

O jurista que se interesse pelo Direito inglês irá, portanto, inevitavelmente realizar o seu estudo à luz de seus preconceitos. Devo precisar que estou empregando a palavra "preconceito" no seu sentido histórico. Um preconceito não é necessariamente depreciativo, porque posso me referir, por exemplo, a um "pré-conceito" favorável em relação a alguém ou a alguma coisa. Para exprimir essa ideia, o filósofo Rudolf Bultmann (1884-1976) fala de "pré-compreensão" (em alemão, "*Vorverständnis*").[12] Todo jurista brasileiro que se dedique ao estudo do Direito estrangeiro deve admitir que realiza seu trabalho influenciado por uma pré-compreensão e que a existência dessa pré-compreensão é em grande parte inevitável. Isso significa, por exemplo, que nenhum estudo que trate do Direito estrangeiro pode ser objetivo. Nessa matéria, a objetividade é uma ilusão. Para pretender alcançar algo que pudesse se assemelhar à "objetividade", seria necessário que o jurista brasileiro pudesse – como dizê-lo? – "sobrevoar" as questões estudadas. Mas tal visão de sobrevoo não é possível, porque o jurista brasileiro é "situado", como se diz na Antropologia ou na Filosofia, isto é, ele vive em um espaço e em uma época determinados. Por exemplo, ele é jurista no Brasil em 2018. Não somente ele vive em um espaço e numa época determinados, como também ele é habitado por esse espaço e por essa época (dessa forma, ele é habitado pelo que aprendeu em uma Faculdade de Direito brasileira entre 1996 e 2000). Essa é a problemática da

---

[12] BULTMANN, Rudolf. "Das Problem der Hermeneutik". *In: Glauben und Verstehen*. vol. 2. Tübingen: Mohr Siebeck, 1952, p. 216.

## I – EM VEZ DE SI MESMO

identidade, à qual já me referi. Esqueçamos, portanto, a objetividade. Eu diria ainda mais: esqueçamos com tranquilidade a objetividade. Na realidade, a situação que descrevo significa, em última análise, que a pesquisa que envolve o Direito estrangeiro não é desencarnada, que ela é o trabalho de mulheres e homens que relatam uma vivência – que estão situados – e que essas mulheres e homens se baseiam nessa experiência durante o seu trabalho de pesquisa. O que há para lamentar? Como se pode lamentar que a pesquisa sobre o Direito tenha algo a ver com a vida, com a vida dos juristas que a praticam, com a sua *experiência*?

Imaginemos então dois juristas brasileiros dedicados ao estudo de uma questão envolvendo o Direito inglês. O primeiro deles teve a sorte de poder passar um período em Oxford durante seis semanas e pôde contar com as ricas fontes documentais que estavam à sua disposição; o segundo teve que se contentar com as poucas obras de Direito inglês, algumas delas desatualizadas, disponíveis nas bibliotecas às quais ele pôde ter acesso no Brasil. O primeiro já havia tido a chance de se beneficiar de uma formação jurídica binacional que lhe permitiu estudar na Inglaterra por dois anos; o segundo teve que se contentar com os dois ou três cursos de Direito inglês ofertados em sua Faculdade brasileira, alguns ministrados por um professor brasileiro que nunca havia estudado Direito inglês na Inglaterra. Eu poderia continuar por muito tempo enfatizando as diferenças entre os nossos dois juristas. O primeiro terá decidido insistir em determinada decisão da jurisprudência inglesa em sua pesquisa e lhe dedicar vários parágrafos; o segundo, considerando de pouco interesse a mesma decisão, terá relegado sua menção a uma nota de rodapé. O primeiro terá optado por dar quase nenhuma importância a um determinado artigo publicado em 2004; o segundo terá considerado que esse texto merece, ao contrário, ser valorizado porque ofereceu, na sua visão, uma explicação particularmente útil sobre as decisões jurisprudenciais proferidas nos dez anos anteriores. O que eu quero mostrar aqui é que, na linha de chegada, cada jurista entregará inevitavelmente uma leitura do Direito inglês que será claramente influenciada por sua situação própria, que será "situada" (isto é, que será orientada por todo um conjunto de circunstâncias pessoais ou institucionais e escolhas interpretativas, sendo que algumas delas não serão sequer verdadeiramente conscientes).[13] A natureza objetiva de tais estudos é obviamente inexistente. E como toda pesquisa é desenvolvida dessa maneira (sempre há pesquisadores envolvidos, cada

---

[13] É por essa razão que a noção de "mentalidade" não é suficiente para explicar tudo. Há também atos praticados e decisões tomadas que não decorrem da mente, mas do inconsciente.

## I – EM VEZ DE SI MESMO

um com sua vivência, sua experiência, sua situação, cada um fazendo suas escolhas, realizando suas avaliações, tomando suas decisões), a objetividade não tem nada a ver com qualquer pesquisa jurídica que seja. Na verdade, seria preciso ter em mente que cada pesquisa jurídica possui uma dimensão autobiográfica, que toda redação é revestida de uma autobiografia. Por assim dizer, o pesquisador coloca nela aquilo que lhe é próprio. Ele necessariamente coloca nela aquilo que lhe é próprio.

Como saber, então, qual dos dois pesquisadores brasileiros por mim cogitados nos oferece a resposta correta quanto ao estado do Direito inglês no tocante a uma determinada problemática? Na minha opinião, a pergunta não deve ser formulada nesses termos. Nós não estamos no campo da matemática, e não pode haver uma resposta "correta", ao menos não no sentido de que a resposta "correta" à equação "2 + 2" seria "4" para qualquer brasileiro. Certamente, não há dúvidas de que existem respostas "erradas". Esse seria o caso do pesquisador que nos dissesse que no Direito inglês o divórcio não sofreu mudanças nos últimos 50 anos, quando, na realidade, importantes reformas legislativas foram recentemente adotadas na Inglaterra. Mas, novamente, não há respostas "corretas" possíveis, pelo menos quando não se estiver tratando de questões estritamente técnicas, do tipo "quando a lei de 11 de novembro de 1999 entrou em vigor?". O que cada um dos dois juristas brasileiros interessados no Direito inglês apresenta é uma interpretação desse Direito, sua interpretação própria, que cada qual terá construído a partir dos materiais que escolheu usar (decisões jurisprudenciais; leis; manuais; tratados; artigos e textos de todas as espécies). No caso em tela estamos, portanto, diante de duas interpretações, sendo que nenhuma delas pode afirmar-se como dotada de objetividade. Essas duas interpretações são, por assim dizer, concorrenciais, uma vez que cada uma delas propõe uma certa compreensão do Direito inglês. Haverá, portanto, lugar para aqueles que serão chamados a avaliar essas interpretações para então decidir (talvez se trate de um orientador de dissertação de mestrado, de membros de uma banca de doutorado ou de uma Câmara de magistrados). No fim das contas, será necessário que cada leitor decida por si mesmo qual dessas duas interpretações do Direito inglês o retrata com maior fidelidade, qual delas forneceu a compreensão mais sofisticada do Direito inglês em relação à questão em apreço. Naturalmente, cada leitor é também "situado" e, por conseguinte, necessariamente apreciará as duas versões à luz de sua própria situação – já que cada leitor também vive em um espaço e em uma época do Direito (e cada leitor é habitado por esse espaço-jurídico e por essa época-jurídica). Pode muito bem ocorrer, por exemplo, de um leitor francês preferir a interpretação A e um leitor

## I – EM VEZ DE SI MESMO

sueco ser mais seduzido pela interpretação B. Em qualquer caso, uma interpretação será considerada por seu leitor como portadora de uma explicação mais rica que a outra, como se possuísse um melhor "desempenho".

Para falar de um modo mais preciso, é preciso referir-se à ideia de "desempenho interpretativo" ou, melhor ainda, "desempenho hermenêutico". Por "desempenho interpretativo" me refiro simplesmente à capacidade explicativa de uma interpretação. Se uma interpretação A permite, melhor do que uma interpretação B, retratar o Direito inglês, explicá-lo mais profundamente, de maneira mais persuasiva, essa interpretação revela um melhor desempenho interpretativo do que a outra. Como acabo de salientar, contudo, é preferível falar em "desempenho hermenêutico". A hermenêutica é uma abordagem interpretativa particular que já era conhecida na Antiguidade e à qual se recorria, por exemplo, quando se tratava de interpretar textos bíblicos. Falar em hermenêutica em vez de interpretação significa incluir no processo interpretativo questões que frequentemente não receberam atenção suficiente na interpretação dos textos. Assim, a hermenêutica enfatiza a natureza "situada" do intérprete, por um lado, e a natureza "situada" do texto que é interpretado, por outro lado (para falar das duas amarras que imobilizam o intérprete, pode-se tomar o seu uso de empréstimo de Derrida, que recorre à célebre expressão da língua inglesa "*double bind*", que significa "duplo vínculo"). Falar em hermenêutica em vez de interpretação significa, pois, notadamente, tomar posição em relação à impossibilidade de uma interpretação "objetiva". Significa admitir que toda interpretação é situada, que toda interpretação passa por uma pré-compreensão, e que todo texto interpretado é parte de uma história, existe também em algum lugar, e é, também, situado. A hermenêutica oferece muitos outros ensinamentos. Em sua versão mais famosa, defendida pelo filósofo Hans-Georg Gadamer (1900-2002), a hermenêutica insiste em particular no modo como a pré-compreensão é forjada pela história ou pela tradição. Gadamer fala, assim, da "eficácia da história" (em alemão, "*Wirkungsgeschichte*").[14]

Agora é necessário complicar as coisas – mas a vida do comparatismo não se permite limitar-se à simplicidade! – e mostrar por qual razão o estudo de um Direito estrangeiro também não pode ser subjetivo. Quando escrevi que a interpretação era "situada", que a objetividade era, portanto, impossível de se conceber, que o trabalho do comparatista era de ordem hermenêutica, poderia alguém ter concluído que o estudo de um Direito estrangeiro só poderia

---

[14] Ver GADAMER, Hans-Georg. *Wahrheit und Methode*. 5ª ed. Tübingen: Mohr Siebeck, 1986, pp. 305-312.

## I – EM VEZ DE SI MESMO

decorrer da subjetividade. Mas vamos retomar o exemplo do jurista brasileiro interessado no Direito inglês. Seguramente esse jurista está situado em um espaço jurídico, bem como em um tempo jurídico e a sua familiaridade com o Direito inglês – aquilo que ele poderá dizer sobre ele e aquilo que ele dirá sobre ele – será afetada por essa situação. Mas a interpretação que ele fará do Direito inglês não pode em razão disso ser qualificada como "subjetiva". Afirmar a natureza "subjetiva" de sua leitura geraria, na realidade, o risco de se insinuar que o jurista é autônomo, livre, onipotente, que a interpretação que ele propõe é fruto apenas de suas escolhas ou decisões. Mas não é esse o caso de forma alguma, porque o jurista brasileiro aqui cogitado não é livre para pensar o que ele quiser. Aqui está uma afirmação que pode parecer chocante (afinal, gostamos de acreditar que somos livres para pensar o que quisermos!). A observação é, no entanto, relevante.

Comecemos pela língua. O jurista brasileiro fala português (melhor dizendo, ele fala o português que se fala no Brasil). Mas esse português-falado-no-Brasil que ele fala, essa língua, ele pertence a ela muito mais do que ela pertence a ele. Reflitamos sobre essa fórmula. Significa dizer que não podemos fazer da língua aquilo que quisermos. No fim das contas, é a língua que conduz o jogo. Se ele pretende ser compreendido, será necessário que ele, o jurista brasileiro, fale a língua portuguesa tal como "nós" a falamos no Brasil. Ele não tem escolha. Pensemos numa simples ilustração. A língua portuguesa organiza o mundo de acordo com aquilo que é feminino ("*a cadeira*") ou masculino ("*o sofá*"). Em relação a essa organização do pensamento, o jurista brasileiro não tem nada a dizer. A língua desde sempre já decidiu: existe o feminino e o masculino. O jurista brasileiro deve lidar com essa distinção. É uma amarra. Além disso, ele deve dominar essa diferenciação, caso contrário, "nós" consideraremos que ele não fala bem o português e talvez ele tenha dificuldade em se fazer entender. Assim, o jurista brasileiro é prisioneiro dessa distinção, porque ele não pode se livrar dela (como poderia o jurista brasileiro apagar de sua mente a diferenciação "feminino"/"masculino", mesmo depois de ter aprendido, digamos, outras três línguas?). Há, portanto, um fenômeno de condicionamento linguístico que intervém, o que significa que o lusófono não é livre: ele deve ver o mundo de uma forma binária, porque para ele tudo é feminino ou masculino, já que a língua portuguesa decidiu assim (a língua inglesa, por sua vez, organiza o mundo de maneira diferente e não há feminino nem masculino em inglês. Nesse tocante, a língua alemã concebe o mundo de forma ainda mais diferente, segundo um modelo ternário: feminino, masculino e neutro).[15]

---

[15] As coisas são ainda mais complexas, porque o que é feminino e o que é masculino não coincide em todos os lugares. Assim, o

## I – EM VEZ DE SI MESMO

Mas não é apenas a língua que rege o jurista brasileiro. Pensemos, por exemplo, na religião ou na moralidade, nas fórmulas de tratamento ou nos bons modos à mesa. Em última análise, a lista dessas estruturas de controle é longa, inclusive muito longa – o que não implica, todavia, que o indivíduo seja reduzido a existir apenas como um bobalhão, privado de qualquer faculdade de discernimento e de capacidade de ação estratégica (se as estruturas constituem o indivíduo, ele não desconhece a constituição das estruturas, nem o dinamismo de algumas delas).

No que diz respeito à interface entre o indivíduo e o mundo (portanto, as problemáticas da objetividade e da subjetividade), os trabalhos de Heidegger se revelam como de primordial importância (apesar de sua filiação ao partido nazista e seus escritos antissemitas). Ele quis demonstrar que a intuição cartesiana estava errada. Não há, como acreditava Descartes, de um lado o indivíduo, livre e autônomo, e do outro o mundo, um pouco como um objeto que estaria ali, diante do indivíduo. Na realidade, escreve Heidegger, o indivíduo já está sempre "jogado" dentro do mundo. Essa frase, aliás, precisa ser refinada, pois o uso da palavra "dentro" sugere a existência de duas entidades distintas (pensemos no líquido "dentro"

---

português opta por "uma lua" (feminino) e "o sol" (masculino). No alemão, é *"der Mond"* (masculino) e *"die Sonne"* (feminino).

da garrafa). É por essa razão que é preferível recorrer à preposição "em" e falar em indivíduo-no-mundo. Em seu vocabulário filosófico, Heidegger utiliza assim o termo "ser-no-mundo" ("*In-der-Welt-Sein*"). Talvez essa fórmula seja mais compreensível por meio de um exemplo. Digamos que Imogene esteja num quadro. Imogene obviamente não está dentro do quadro. Mas, estando no quadro, ela é enxergada em uma relação com o quadro segundo a qual as noções de "dentro" e "fora" já não fazem mais sentido. Assim se passa com a língua. O indivíduo já esteve fora da língua? Novamente, não é que ele esteja "dentro da língua", porque não é possível estar "dentro" de uma língua. Na verdade, ele está "na" língua, ou, mais precisamente nesse contexto específico, ele está "imerso na" língua. E essa língua já esteve sempre lá em relação ao indivíduo. Portanto, não há um momento sequer em que seja concebível que o indivíduo tenha existido em outro lugar que não na língua. Existir é ser "jogado" dentro na língua – ou melhor, "na" língua – sem que nós tenhamos qualquer coisa a ver com essa situação. Assim, a identidade do indivíduo é moldada em parte por um pertencimento linguístico (eu sou lusófono, você é anglófono) que revela a submissão do indivíduo à língua. Volto à ideia de que a margem de manobra do indivíduo se encontra, desse modo, singularmente reduzida. Ela não é inexistente, porque o indivíduo fala a língua com um sotaque particular, podendo recorrer a um vocabulário que

## I – EM VEZ DE SI MESMO

tem suas especificidades (por exemplo, ele pode ter expressões que lhe são "próprias"). Mas, reitero, a capacidade do indivíduo de se singularizar é limitada, porque ele é "tomado" pela linguagem. Poderíamos fazer o mesmo raciocínio com relação a outros legados, e notadamente com relação ao Direito – esse Direito que nos foi ensinado, que sempre esteve lá, na Faculdade, que estava lá nos esperando.

O jurista brasileiro interessado no Direito inglês deve, desse modo, trabalhar não apenas com uma língua (o português-falado-no-Brasil) que não lhe pertence, mas também aceitar ser tomado por um Direito e por uma cultura jurídica que lhe pertencem menos ainda. O jurista brasileiro é o jurista-ao-Direito-brasileiro ou o jurista-no-Direito-brasileiro, é o jurista-à-cultura-jurídica-brasileira ou o jurista-na-cultura-jurídica-brasileira. Por exemplo, a dicotomia "Direito Público"/"Direito Privado" e o seu conjunto de implicações que repercutem em quase todos os âmbitos da vida do Direito no Brasil, isso não é estabelecido por Imogene. Ela é "jogada" nesse contexto. Em relação a isso, sua margem de manobra é muito limitada. Ela é, em última análise, quase inexistente. Mas se a dinâmica entre o jurista e seu "objeto" de estudo não advém da objetividade ou da subjetividade, como designá-la? Do que ela depende então? Heidegger responderia que ela faz parte da "jogabilidade" (em alemão, "*Geworfenheit*"). É certamente algo delicado lançar mão de um neologismo. Mas parece que nenhuma das duas palavras ("objetividade" e "subjetividade") é apropriada. Por falta de algo melhor, vamos convencionar que o estudo do Direito estrangeiro por um jurista brasileiro decorre da "jogabilidade". Em outras palavras, esse trabalho é influenciado pelo fato de que Imogene, jurista brasileira, foi jogada "para" o Direito brasileiro ou "no" Direito brasileiro, "para" a cultura jurídica brasileira ou "na" cultura jurídica brasileira, um Direito ou uma cultura jurídica que já existia desde sempre em relação a ela, um Direito ou uma cultura jurídica que portanto a precede, um Direito ou uma cultura jurídica que, em razão de um inevitável processo de condicionamento aculturante, terá moldado sua pré-compreensão, que, inelutavelmente, orientará em seguida a compreensão que ela terá do Direito estrangeiro e a representação dele que ela irá propor. É, aliás, por essa razão que se poderia falar proveitosamente de "re-apresentação" (em vez de "representação", como geralmente se faz): a apresentação do Direito estrangeiro é necessariamente diferente daquilo que esse Direito estrangeiro é tal como ele existe "em situação", porque ela é filtrada pelo prisma da pré-compreensão do jurista. Trata-se, pois, de uma representação necessariamente diferente daquilo que "existe", sendo, a rigor, uma re-apresentação.

A essa altura, algumas reflexões um pouco mais filosóficas, e também mais abstratas, parecem

## I – EM VEZ DE SI MESMO

apropriadas. A partir do momento em que o jurista admite a existência de um outro Direito além do "seu", ele necessariamente inscreve o estudo do Direito estrangeiro numa perspectiva diferencial, isto é, sua pesquisa se articula, inevitavelmente, em torno da diferença entre os Direitos. Se existe essa tal entidade que é um Direito que não é o "meu" Direito, que é diverso do "meu" Direito, é porque existe uma diferença entre aquele "outro" Direito e o "meu" Direito (eu escrevo "meu" Direito ainda que, mais uma vez, esse Direito que eu chamo de "meu" não me pertença: é como a língua!). Vamos dizer as coisas de forma diferente. A partir do momento em que existe mais de um Direito, existe a diferença. Existe *inevitavelmente* a diferença. Desde o instante em que há mais de um Direito, não pode mais haver qualquer identidade ou mesmice. Se há mais de um Direito, esses sistemas jurídicos não podem ser idênticos, eles não podem ser o mesmo Direito (porque senão haveria apenas um!). É uma ideia que encontramos expressa especialmente na obra do filósofo alemão Gottfried Leibniz (1646-1716). O pensamento de "mais de um" é também o fundamento da filosofia de Derrida, conhecida pelo nome de "desconstrução" (uma reflexão vasta, profunda e complexa, de imensa riqueza para a comparação de sistemas jurídicos). Reformulada em termos "populares", a fórmula de Leibniz significa, por exemplo, que não há dois flocos de neve ou duas folhas de bordo que sejam idênticos ou que sejam os mesmos. Se há mais de um floco de neve, então existe diferença entre esses flocos de neve. Se há mais de uma folha de bordo, então existe diferença entre essas folhas de bordo. E se há mais de um Direito Constitucional, então existe diferença entre esses "Direitos Constitucionais". A questão se torna, então, saber o que deve ser feito com essa diferença. Ela está aqui, claro. Mas deve-se tentar camuflá-la o máximo possível em prol, por exemplo, de uma harmonização ou uniformização de sistemas jurídicos? Ou é necessário reconhecê-la, mesmo que tenhamos que chegar a concluir pela singularidade (certamente plural) de cada Direito e, sem dúvida, pela impossibilidade de uma uniformização ou mesmo de uma harmonização deles?

Entre os juristas que se interessaram pelo Direito estrangeiro – lembremo-nos que esses são chamados de "comparatistas", porque pesquisar o Direito estrangeiro é necessariamente fazer uma comparação com o "seu" Direito (embora nem sempre se dê conta disso, só há como conhecer alguma coisa diversa, como é o caso de um outro Direito, a partir daquilo que já conhecemos, daquilo que já compreendemos como se fosse "nosso" próprio Direito, o que significa que uma comparação se manifesta toda vez que "fazemos" Direito estrangeiro, ainda que ela frequentemente passe despercebida) – a esmagadora maioria considerou que era necessário

## I – EM VEZ DE SI MESMO

destacar as semelhanças entre os Direitos, insistir precisamente nisso. Mesmo que houvesse mais de um Direito, esses Direitos seriam similares, e a tarefa do comparatista seria constatar essa similaridade, trazê-la à luz e reivindicá-la ("viva a similaridade!"). Dois comparatistas particularmente influentes – talvez os mais proeminentes no campo dos estudos jurídicos comparativos (forma como designaremos as pesquisas que têm por "objeto" o estudo do Direito estrangeiro) em razão de um tratado publicado em alemão no meio dos anos 1960 e, em seguida, traduzido para o inglês em 1977 e tornando-se autoridade nesse idioma desde então – quais sejam, os juristas Konrad Zweigert e Hein Kötz, postulam inclusive a existência daquilo que eles chamam de uma *"praesumptio similitudinis"* (em latim, num latim ruim, usado no texto!).[16] Segundo Zweigert et Kötz, os Direitos são semelhantes, inclusive nos detalhes (eles afirmam expressamente que as semelhanças jurídicas chegam até a esse ponto), a tal ponto que o comparatista que concluísse existirem diferenças significativas entre os Direitos deveria estar em estado de alerta: ou ele teria formulado mal a questão que marcou o ponto de partida de sua pesquisa, ou ele não teria aprofundado suficientemente sua reflexão. Para esses autores, a identificação de

---

[16] ZWEIGERT, Konrad; KÖTZ, Hein. *Einführung in die Rechtsvergleichung*. 3ª ed. Tübingen: Mohr Siebeck, 1996, p. 39.

diferenças entre sistemas jurídicos é, portanto, problemática. De acordo com esses comparatistas, uma conclusão que vai no sentido da diferenciação de Direitos revela, basicamente, uma comparação que não está à altura das expectativas que ela suscitou. Na mesma linha de ideias, outro comparatista, Basil Markesinis, escreve que o jurista não deve hesitar em "manipular" os sistemas jurídicos a fim de fazê-los parecer semelhantes, mesmo que eles não o sejam realmente (sim, Markesinis realmente lançou mão da palavra "manipulação"). Além do fato de essa opinião ser indefensável do ponto de vista da integridade da pesquisa comparativa, ela pretende ser usada, assim como a de Zweigert e Kötz, para refutar as teorias de Leibniz e Derrida (sem, contudo, dar-se ao trabalho de explicar por qual razão Leibniz e Derrida estariam errados).

Tentemos desenrolar um pouco esse emaranhado. Por que essa predileção pela identificação, pela mesmice ou pela construção das assim chamadas "simililaridades" entre os Direitos? Na minha opinião, é necessário aqui envolver principalmente motivações ideológicas. Tanto Zweigert quanto Kötz e Markesinis são defensores ferrenhos da uniformização dos sistemas jurídicos. Mas é óbvio que, se alguém procura uniformizar Direitos, seja qual for a razão, é mais fácil alcançar os seus propósitos trabalhando com semelhanças do que com diferenças. Eu certamente

## I – EM VEZ DE SI MESMO

não estou querendo afirmar que a orientação intelectual desses comparatistas seria reprovável em si mesma. Pelo contrário, acho que é inevitável que um intérprete seja influenciado por ideias, por convicções, por um desejo também, e não vejo nisso nada de chocante. A dimensão ideológica dos estudos jurídicos comparativos, portanto, não me perturba. O que me incomoda muito seriamente, no entanto, é que a ideologia que anima o projeto da "similaridade" só pode se concretizar à custa de sérias distorções daquilo que "existe" (prefiro falar daquilo que "existe" em vez de falar da "realidade": com efeito, a palavra "realidade" vem do latim "*res*" que significa "coisa" e que sugere, parece-me, que a "realidade" é "sólida", como uma mesa ou uma cadeira ; agora a "realidade", pelo menos no Direito, é muito mais do que isso e é também um fenômeno muito menos "sólido" do que uma mesa ou uma cadeira). No plano empírico, há mais do que um único Direito – quer isso agrade ou não. E, nada obstante o que pensam sobre isso Zweigert, Kötz e os outros que tentarão em vão matutar à vontade, se há mais de um Direito, isso significa haver diferença entre os Direitos – quer eles gostem ou não. Para conseguirem sustentar seu ponto de vista, os inúmeros comparatistas partidários do projeto da "similaridade" são, portanto, obrigados a cobrir o rosto, a fingir não ver as diferenças que, todavia, estão lá, ou a defender que essas diferenças são insignificantes. Mas as diferenças, mesmo quando não se quer vê-las ou mesmo quando se quer fazê-las parecer banais, estão necessariamente lá, e são, além disso, tão significativas que denunciam que há mais do que um Direito. Como é que a dissimulação daquilo que "existe" é produzida? Bem, ela se manifesta, por exemplo, pela formulação peremptória de um postulado (afirma-se que os sistemas jurídicos são semelhantes, inclusive em seus detalhes) sem uma justificativa sequer para dar sustentáculo à afirmação feita. A afirmação tem a pretensão de se impor sem ser sustentada por um argumento que seja, baseada unicamente na autoridade dos autores que a exprimem. Podemos dizer que esse modelo é "autoritário". Estamos falando, desse modo, de um modelo relevante do paradigma da autoridade (a ideia de "paradigma" refere-se a uma visão do mundo, uma maneira definida de ver as coisas: aqui, trata-se de uma visão do mundo fundada na autoridade, que pretende dominar a comparação de sistemas jurídicos).

O que parece inaceitável para mim em relação a isso é a natureza deliberada do descompasso entre o estudo (a pesquisa comparativa) e o "objeto" do estudo (os sistemas jurídicos). Por um lado, estamos lidando com pesquisas que afirmam ser articuladas em torno da ideia de "similaridade" dos sistemas jurídicos por "decreto", por assim dizer, e por outro lado, temos sistemas jurídicos (os quais, uma vez que se inserem na lógica do "mais de um", são inevitavelmente

## I – EM VEZ DE SI MESMO

diferentes). Comparatistas como Zweigert e Kötz, portanto, violentam aquilo que "existe" de uma maneira que me parece inadmissível. É certo que todo estudo comparativo requer uma certa dose de "construtivismo". Assim, cada comparatista "constrói" seu argumento escolhendo os textos, as decisões jurisprudenciais, as obras e os artigos nos quais ele se inspira para fundamentar seu raciocínio. Como já mencionei, esse proceder parece, em qualquer caso, inevitável (porque no curso da pesquisa, sempre haverá, por parte do jurista, uma gama quase infinita de microdecisões reveladoras de escolhas que ensejam supressão ou ênfase: insistir em um determinado julgado em detrimento de outro, relegar um certo livro a notas de rodapé em vez de colocá-lo no corpo do texto, dedicar longos parágrafos a um dado artigo de revista em vez de ignorá-lo, e assim por diante). Mesmo que a presença de "si mesmo" seja insuperável na construção do estudo comparativo, e embora a aceitação desse fenômeno confira uma dimensão salutarmente "humana" à pesquisa, o jurista tem, contudo, a obrigação de tentar minimizar o caráter idiossincrático da leitura que ele faz do outro Direito. Sim, o "si mesmo" ocupa inevitavelmente um determinado lugar na formulação da comparação dos sistemas jurídicos; sim, a pré-compreensão exerce invariavelmente um papel na compreensão que o jurista terá do outro Direito; sim, a comparação sempre constitui uma violação do outro Direito; sim, o outro Direito está necessariamente "à mercê" de seu tratamento pelo comparatista. Mas precisamente porque as coisas são assim – precisamente, e especialmente porque o outro Direito está sujeito ao comparatista e este deve, portanto, exercer uma responsabilidade para com o outro Direito – eu considero que incumbe ao jurista fazer tudo o que ele puder para conter o fenômeno da "apropriação" ou da "assimilação" da alteridade. Mas a estratégia que visa a construir as similitudes entre os sistemas jurídicos em um contexto no qual esses sistemas já existem, e no qual existe, portanto, diferença entre os sistemas jurídicos, essa estratégia me parece indefensável, porque ela se dá mediante muita violência àquilo que "existe". Em outras palavras, a deformação, a distorção que se produz é demasiadamente importante para que se possa reconhecer como válida essa abordagem comparativa. Lembremo-nos da primeira regra de leitura que nos faz observar Derrida: "[O] respeito pelo outro, isto é, pelo seu direito à diferença".[17] Michel Lisse trata, por sua vez, de uma "injunção à disjunção".[18] Assim, para além de uma simples decodificação de signos, trata-se de integrar a leitura a uma teoria da *justiça*.

---

[17] DERRIDA, Jacques. *Mémoires*. Paris: Galilée, 1988, p. 217.

[18] LISSE, Michel. *L'Expérience de la lecture*. vol. 2. Paris: Galilée, 2001, p. 86.

## I – EM VEZ DE SI MESMO

Desde o momento em que abrimos a boca, violentamos aquilo que "existe". Na verdade, qualquer coisa que se diga, qualquer palavra exprime uma escolha, uma preferência, uma predileção – o que significa que nunca se pode pretender representar fielmente, imparcialmente, "objetivamente" uma situação (e aquele que sustentasse o contrário seria, por exemplo, um jurista que, conscientemente ou não, colocaria em evidência suas próprias ideias agindo sob o disfarce de "objetividade", tendo-se em vista que a "objetividade" é sempre a "objetividade" de alguém). Assim, a cada vez violentamos um pouco uma situação por nós relatada: por exemplo, falamos dela com nossas palavras, de acordo com nossas concepções, conforme nossas pré-compreensões (pensemos em como nós contamos sobre uma noite para um amigo: violentamos essa noite ao contarmos sobre ela, porque nós a transformamos "apesar dela", por assim dizer, e apesar de nós mesmos, insistindo em um determinado aspecto e omitindo outro, por mais fielmente que pretendamos retratá-la). É por isso que considero útil qualificar os estudos jurídicos comparativos como "intervenções". Sim. O comparatista brasileiro "intervém" no Direito inglês. Mas essa ideia decisiva de "intervenção" se une à de "violência". Porque uma intervenção é uma irrupção. Intervir em uma situação é impor a sua presença. E é essa imposição que implica uma manifestação de violência. Mas devemos pelo menos, tanto quanto possível, praticar a "menor violência".[19] Isso faz toda a diferença do mundo! Em outros termos, incumbe ao jurista minimizar a violência que ocorre no momento da re-apresentação. É certo que essa violência jamais será eliminada, mas deve poder ser contida. Como fazer as coisas, como dizer o que "existe" de modo a evitar a assimilação indevida da "minha" língua, do "meu" Direito, da "minha" cultura jurídica, dos "meus" padrões de pensamento? Para conseguir reduzir o alcance da violência o máximo possível, sustento que o comparatista deve se engajar em estudos comparativos sob a bandeira da "análise diferencial das jurisculturas". Aqui está uma fórmula que não é simples e que precisa ser amplificada (posso confirmar de imediato que falo de análise pensando no divã: trata-se, na verdade, de colocar o Direito estrangeiro no divã...).

Sublinhemos, em primeiro lugar, que não é uma propriedade intrínseca de um Direito ou de uma cultura jurídica ser diferente de um outro. O comparatista é quem constrói a diferença. Mas essa bricolagem é uma resposta àquilo que "existe" – e é nesse sentido que a construção de diferenças significativas se distingue da afirmação de semelhanças mais ou menos artificiais. Não pretendo dizer aqui que a diferença seja intrinsicamente positiva, que ela

---

[19] DERRIDA, Jacques. *L'Ecriture et la différence*. Paris: Editions du Seuil, 1967, p. 218.

## I – EM VEZ DE SI MESMO

seja "em si" positiva. Sabemos muito bem como o conceito de "diferença" foi frequentemente usado para estigmatizar os povos e excluir minorias raciais, religiosas, linguísticas e outras. Meu argumento é que a diferença também não deve ser considerada como sendo sempre depreciativa (tal como sugerido por Zweigert, Kötz, Markesinis e outros). Eu vou, aliás, ainda mais longe, porque tenho em mente a ideia de um preconceito que deveria instalar-se no campo dos estudos jurídicos comparativos em favor da diferença, e isso em nome da ética do testemunho que deve reger o estudo do Direito estrangeiro. Talvez muito particularmente por causa dos fenômenos de europeização e glocalização de sistemas jurídicos, parece-me que na realidade está mais do que na hora de o comparatista orientar decididamente os seus trabalhos para a descoberta da singularidade (certamente plural) do Direito, o que significa que ele deve tornar explícito aquilo que é característico de um determinado sistema jurídico e o distingue dos demais, o que implica abrir-se a ouvir o Direito estrangeiro que constitui o "objeto" de estudo. Nesse sentido, não se trata aqui sequer de compreender o outro Direito, porque "compreender" é ainda "prender", isto é, "agarrar", "se apossar". Mas para tomar de empréstimo a fórmula de Roland Barthes, do outro eu não devo "querer me apossar de mais nada".[20] Não

---

[20] BARTHES, Roland. "Fragments d'un discours amoureux". *In:* MARTY, Eric (coord.). *Œuvres complètes*. 2ª ed. vol. 5. Paris: Editions du Seuil, 2002 [1977], p. 285.

se deve estudar um outro Direito para compreendê-lo, portanto, mas sim para ouvi-lo, para compreender melhor a si mesmo.

É essa pesquisa comparativa baseada no conceito de "compreensão", de "escuta", que eu quero promover. Há uma bela frase do filósofo Søren Kierkegaard (1813-1855) na qual eu encontro o meu pensamento: "Apresse-se, oh! Apresse-se a ouvir". Como Kierkegaard também escreveu, "tudo acaba no ouvido".[21] Na essência, trata-se de uma questão de justiça, porque, por um lado, o outro tem (como eu!) direito à palavra, e, por outro lado, ele tem (como eu!) direito ao reconhecimento e ao respeito. Eu retomo aqui a epígrafe, e cito novamente Derrida: "[N]ada de essencial será feito se não nos deixarmos convocar (...) pelo outro". A análise diferencial se dá, por conseguinte, em nome do outro. Ela ocorre para o outro. Ela assume o lado do outro (não somente ela fala *do* outro, mas ela se vale da palavra *pelo* outro). Nesse aspecto, Levinas oferece ao comparatista uma reflexão muito valiosa sobre a atribuição de prioridade ao outro (mesmo em detrimento de "si" – o que não é de modo algum uma escolha óbvia). Está-se aqui, é claro, diante da afirmação de uma ideologia, e eu

---

[21] KIERKEGAARD, Søren. *Papirer*. 2ª ed. THULSTRUP, Niels (coord.). vol. 1. Copenhague: Gyldendal, 1968 [1836]. A 235, p. 112.

## I – EM VEZ DE SI MESMO

não discordo dela. Mas eu disse que a ideologia não é reprovável em si mesma. É ainda preciso saber qual ideologia é recomendável: apagar o outro, dissolvê-lo em um só, sendo esse "um só", é claro, sempre um pouco de "si" – pensemos na ideia de um Código Civil europeu defendido por muitos juristas oriundos da tradição romanista e que teria justamente o efeito de dissolver o *Common Law* da Inglaterra no bojo da tradição romanista. Ou permitir que o outro, tanto quanto possível, apresente-se tal como ele está situado, sujeito a uma distorção mínima, num grau o mais baixo possível da re-apresentação? Para mim, a resposta é imprescindível. Em nome do reconhecimento e do respeito que devo ao outro (há essa dívida, especialmente em razão do fato de eu esperar do outro que ele me dedique, da mesma forma, seu reconhecimento e seu respeito), eu preciso lhe conceder a palavra, deixá-lo relatar a sua própria experiência. É importante, por exemplo, que o jurista brasileiro, em vez de decidir por si mesmo que o *Common Law* inglês deve desaparecer em prol de um Código Civil europeu, deixe o inglês exprimir sua própria experiência de codificação, o que significa, no caso em questão, sua rejeição da codificação por razões que são devidas à sua concepção de justiça (a presença de alguns indivíduos favoráveis ao Direito codificado na Inglaterra não põe em questão a preponderância muito clara da opinião dominante). E é necessário que o jurista brasileiro reconheça e respeite essa experiência, que ele admita a sua validade. Ao fazê-lo, "[ele] deve abrir os ouvidos e ler de perto, contar com cada palavra da língua".[22]

Eu mencionei que as diferenças que o comparatista desejará enfatizar serão construídas por ele. Significa sustentar que aqui também, em matéria de análise diferencial, o comparatista elabora seu "objeto" de estudo, e significa afirmar que a pesquisa em Direito estrangeiro não é apenas uma atividade de deciframento, mas também de *performance*.[23] Meu argumento, no entanto, pretende insistir no fato de que se há, também neste caso, uma manifestação de violência pelo jurista, trata-se, sem dúvida alguma, daquilo que podemos legitimamente qualificar de uma "violência menor". Porque essas diferenças que são construídas, elas o são a partir daquilo que "existe". E nós vimos que a partir do momento em que há mais de um Direito, existe a diferença. A elaboração da diferença se harmoniza com aquilo que "existe", não tendo, portanto, nada a ver com o projeto da "similaridade" — o qual, conforme indiquei, falsifica violentamente aquilo que "existe" e, por assim dizer,

---

[22] DERRIDA, Jacques. *Spectres de Marx*. Paris: Galilée, 1993. p. 186.

[23] Para Derrida, uma "interpretação performativa" é "uma interpretação que transforma aquilo que ela interpreta": *Spectres de Marx*. Paris: Galilée, 1993, p. 89.

## I – EM VEZ DE SI MESMO

aproveita-se disso para, ao neutralizá-lo, nutrir sua ideologia de "semelhança", por mais ilusória que ela seja. Nessas condições, não é de se surpreender que o discurso dominante no campo dos estudos jurídicos comparativos tenha procurado ocultar as raras obras de análise diferencial, que foram, por conseguinte, marginalizadas. Nessa seara – tal como ocorre em outros lugares, em outros campos – forja-se uma concepção daquilo que constitui uma pesquisa "correta". No pensamento dos comparatistas do Direito, é a pesquisa obediente aos critérios elaborados pelos proponentes do projeto da "similaridade" que é valorizada nesse sentido. São, por exemplo, os escritos desse tipo que encontram facilidade em ser publicados em revistas e declamados em congressos. A outra pesquisa, aquela que não se adequa às expectativas da ortodoxia, é frequentemente atingida por sanções que poderiam ser qualificadas como "disciplinares" (porque a comparação de sistemas jurídicos é também uma disciplina com tudo o que esta palavra veicula de exigência, de obediência e de punição em caso de desobediência). Como escreve o filólogo Jean Bollack, "é a mais forte censura essa busca pela não-diferença".[24]

Por ter como objetivo retratar de maneira aprofundada a singularidade (ainda que plural) do

---

[24] BOLLACK, Jean. *Sens contre sens*. Vénissieux (France): La Passe du Vent, 2000, pp. 179/180.

Direito ou da cultura jurídica estudada, a análise diferencial deve ser dotada de uma concepção particularmente ampla dos elementos de informação que são considerados relevantes em seu processo de atribuição de sentido à alteridade. Na minha opinião, o passo mais importante que o comparatista deve dar a esse respeito é o de rejeitar o ponto de vista positivista e hipomnésico segundo o qual a ideia de "Direito" estaria limitada somente aos textos que são normativamente imperativos. De um modo clássico – e, sob o meu ponto de vista, eminentemente criticável – os comparatistas da obediência positivista, largamente majoritários (em particular sob a influência alemã), destacaram em suas pesquisas somente as leis e decisões jurisprudenciais que consideravam relevantes. Depois de terem realizado essa etapa identificatória, eles consideraram que o essencial já estava feito. Eles já tinham "dominado" seus sistemas jurídicos. Tratava-se então de apresentá-los, esses ordenamentos jurídicos, segundo uma lógica muito positivista, isto é, de acordo com uma abordagem que, enfatizando definições, conceitos e regras, confere destaque, de uma forma deliberadamente muito limitada, ao Direito tal como ele está "posto" pelas leis e decisões jurisprudenciais. Aqui, novamente, o paradigma da autoridade governa a comparação. O que conta, o que vale, é aquilo que faz autoridade no sentido estrito da palavra, vale dizer, aquilo que tem valor normativo vinculante.

## I – EM VEZ DE SI MESMO

Mas o comparatista constatará e apreciará ainda mais a diferença se ele aceitar abordar o Direito enquanto integrante de uma cultura, ou seja, a partir do momento em que ele se mostrar disposto a substituir a ideia (limitada, estreita) de "Direito (positivo)" por aquela (aberta, ampla) de "juriscultura". Trata-se de abordar uma lei ou uma decisão jurisprudencial lembrando a todo momento que essa lei ou essa decisão não caiu do céu, para dizer as coisas em uma linguagem "popular". Pelo contrário, a diferença está embutida em uma cultura. Ela se explica dessa forma à luz de uma cultura e só pode ser justificada à luz de uma cultura. Eu não estou dizendo que ela é "causada" por uma cultura. De fato, não seria uma maneira muito feliz de conceber a cultura descrevendo-a como sendo a "causa" de tal lei ou decisão jurisprudencial. O que parece mais justo é fazer perceber que as leis e decisões jurisprudenciais, os tratados e os artigos de revistas, foram também "fabricados" (a palavra não é exagerada) por mulheres e homens que foram institucionalizados "no" Direito. Nesse aspecto, é legítimo pensar que o discurso jurídico se sintoniza com o discurso cultural ambiente. O contrário pareceria, por outro lado, menos plausível. Reflitamos sobre isso. Como imaginar uma sociedade na qual o discurso jurídico agisse sozinho, por assim dizer, em que o discurso jurídico defendesse valores e ideias que tivessem pouco a ver com os valores e ideias prevalecentes naquela mesma sociedade, por exemplo, no campo literário ou no campo filosófico? Robert Gordon, um historiador e professor da *Yale Law School*, aponta que tais disfunções são dificilmente concebíveis, uma vez que a sociedade simplesmente não aceitaria confiar a resolução de seus litígios a uma comunidade jurídica que estivesse fora de sintonia em relação a ela. [25] O que estou dizendo é que há algo que pode ser qualificado como meta-discurso – a "cultura" – do qual o Direito representa uma aplicação. Atenção! Isso não significa que o Direito "reflita" a cultura, como se houvesse o "todo" (cultura) dentro da "parte" (o Direito), especialmente porque o conceito de "cultura" é complexo e a cultura não é assim tão homogênea quanto pensamos (afinal, "minha" cultura não é exatamente igual à do meu vizinho).

Minha tese é a de que, se o comparatista brasileiro quer compreender uma questão de Direito inglês, ele não pode se contentar em analisá-lo de um ponto de vista positivista. Ele deve também medi-lo a partir do plano cultural. Em última análise, uma descrição positiva (tal lei, tais decisões jurisprudenciais) explica muito pouco ou quase nada. O comparatista nos descreve o Direito, ele nos (re)diz o que diz o Direito. Mas ele não fornece uma justificativa do

---

[25] Ver GORDON, Robert W. "Critical Legal Histories". *Stanford Law Review*, Stanford, vol. 36, pp. 57-125, 1984, p. 90.

## I – EM VEZ DE SI MESMO

Direito no sentido forte do termo. Não elucida dessa forma nem o "como", nem o "porquê" do Direito. Ele não responde à pergunta: "mas então, o que é que isso significa?". Somente uma abordagem culturalista permite fornecer elementos para uma interpretação elucidativa do Direito a fim de se chegar a uma melhor compreensão. Comecemos assim pelo seguinte postulado: *a priori*, nenhum texto ou discurso pode ser excluído da zona legítima da análise comparativa em Direito. Pelo fato de o discurso jurídico constituir uma manifestação do discurso cultural (repita-se: ele não é o reflexo dele), as outras expressões do discurso cultural – pensemos, por exemplo, no discurso filosófico, literário ou arquitetônico – são suscetíveis de nos ajudar a esclarecer o Direito. Isso é o que poderíamos chamar de fenômeno da "intertextualidade", que consiste na ideia – eu volto a ela – de que existem ligações – certamente deve haver ligações – entre os diferentes discursos (ou os diferentes textos) na medida em que cada um deles constitui uma manifestação do meta-discurso cultural em ação em uma sociedade. Isso não quer dizer que a cultura deva ser concebida como um princípio integralmente unificador: seria exagerado ver as coisas assim, porque há, em cada sociedade, "intermitências", descontinuidades, e até mesmo rupturas. Mas existem ligações, conexões, redes, que permitem, por exemplo, identificar "ressonâncias" eloquentes ou reveladoras entre os jardins de *Vaux-le-Vicomte* e o

Código Civil francês. Esses dois espaços se apresentam, de fato, como lugares onde a lógica e a simetria prevalecem – e não é por acaso seja desse jeito.[NT]

Evidentemente, não é fácil trabalhar com um conceito tão fluido como o de cultura. Mas – tal como demonstrado pelos antropólogos e sociólogos – essa é a ideia que consegue de modo menos pior oferecer de maneira útil uma explicação acerca daquilo que "existe". Não vou me aventurar a propor uma definição de cultura, mesmo porque, como tais definições já são demasiadamente numerosas, quase não há espaço para adicionar algo mais à cacofonia antropológica e sociológica. E depois, qual é exatamente o valor heurístico de uma definição? Porém, os seguintes elementos permitem circunscrever a ideia orientadora que informa o conceito de "cultura". Trata-se de marcos significativos – advindos muitas vezes do que é implícito – que têm para uma dada comunidade um valor integrador, sendo que essa concentração se manifesta às vezes de maneira bastante frouxa (porque a coesão está longe de se apresentar constantemente de forma profunda), e permite a essa comu-

---

[NT] O autor faz aqui referência aos jardins do Castelo de *Vaux-le-Vicomte*, considerados como a obra fundadora do chamado "jardim à francesa", cuja característica essencial consiste na organização lógica e simétrica de seus elementos. Nesse sentido, traça um paralelo entre a estrutura lógica e simétrica de tais jardins e a do Código Civil francês.

## I – EM VEZ DE SI MESMO

nidade marcar o limite entre o aceitável e o inaceitável (atenção! O uso da ideia de "cultura" não implica de modo algum que o indivíduo seja "desativado" em benefício da ascendência misteriosa de uma entidade onipresente e onisciente, que o indivíduo seja encarado como um simples apêndice de um "sistema" que se sobreporia à sua vida, um autômato privado de qualquer faculdade de discernimento e capacidade de ação estratégica). Eu já fiz alusão a isso: uma cultura nunca é homogênea, e falar de "uma" cultura (por exemplo, dizer "a cultura jurídica brasileira") peca, na essência, pelo simplismo. Mas é preciso se adaptar às palavras que a língua coloca à nossa disposição. Portanto, nós diremos, para explicar um ponto de vista largamente majoritário no pensamento dos juristas brasileiros – isto é, uma preferência, uma tendência, uma predileção compartilhada por grande parte da comunidade jurídica brasileira a ponto de constituir uma característica que distingue essa comunidade de uma outra – que esse ponto de vista dominante faz parte da cultura (por exemplo, deve-se notar que a opinião, amplamente majoritária no Brasil, de que o advento de um Código Civil significa um avanço inegável no pensamento jurídico, constitui um "componente" da cultura jurídica brasileira). A cultura conota a ideia de uma "coesão" ou de um "cimento" comunitário. Deve-se acrescentar que nenhuma cultura é estática. Especialmente por conta da influência de ideias advindas de outros lugares, a cultura está em constante mutação (eu não escrevo "progresso" ou "evolução", porque nem todos os analistas concordariam em dizer que qualquer mudança constitui necessariamente um progresso ou uma evolução). Seguramente, a cultura tem uma propensão à "aculturação". Em outras palavras, uma cultura, ainda que não se mostre hermética a ideias oriundas de outros lugares, dedica-se a transformá-las, a adaptá-las, para que elas se adequem às práticas locais e correspondam às expectativas locais.

Sendo um conceito multifacetado, a cultura age em todos os planos e em todos os níveis. Isso é o que a torna difícil de manusear. Mas essa polivalência não desqualifica a ideia (como explicar de outra forma a "coesão" que pode ser observada em uma determinada sociedade?). Mesmo que a ideia de "cultura", e mais especificamente de "cultura jurídica", não agrade a muitos juristas que não estão acostumados com ela, isso não faz com que ela deixe de ser necessária para explicar esse Direito posto que existe – isso, em todo caso, se quisermos apresentá-lo de uma forma que não seja superficial. É claro que algumas pessoas preferem recorrer ao conceito de "tradição". Mas ele é mais estreito, certamente mais "conservador" também, e parece preferível concebê-lo como um elemento da cultura, como um componente que poderia até mesmo ser o seu núcleo duro, cuja transmissão dependeria daquilo que os

## I – EM VEZ DE SI MESMO

historiadores chamam de longa – ou até mesmo de muito longa – duração (aqui, nós falamos a linguagem dos séculos).[26] Imaginemos círculos concêntricos: haveria a tradição inserida "na" cultura.

Para o positivista, o Direito "posto" é ao mesmo tempo o ponto de partida e o ponto de chegada da pesquisa comparativa, ao passo que para o culturalista, o Direito "posto" nunca pode significar algo além de um ponto partida e certamente não será um ponto de chegada. Segundo o culturalista, o Direito posto é, pois, um lugar a partir do qual se empreende um trabalho arqueológico, de onde se parte para um procedimento de escavação, para revelar o que esse Direito "posto" esconde, para expor o que ele omite (compliquemos um pouco as coisas: para o culturalista, o "Direito posto" é apenas uma posição, isto é, um ponto de vista – e são os meandros desse ponto de vista que cabe a ele aclarar). Esse texto de

---

[26] É particularmente nesse âmbito que as noções de "tradição romanista" e "tradição do *Common Law*" revelam sua utilidade. Se os sistemas jurídicos brasileiro e francês fazem parte da tradição romanista – isto é, se eles compartilham o legado do Direito Romano – pode-se esperar que os elementos tradicionais da cultura jurídica nesses dois sistemas coincidam. Assim, no Brasil, tal como na França, existe uma distinção primordial entre o Direito Público e o Direito Privado. Essa categorização não prevalece na Inglaterra, onde se aplica um Direito derivado da tradição do *Common Law*.

lei, essa decisão jurisprudencial, o que eles revelam? De quais características culturais eles são a expressão ou a reprodução? Eles são representativos do quê? De acordo com o culturalista, cada texto contém vestígios culturais que cabe a ele revelar, trazer à luz, elucidar, a fim de explicá-lo, a fim de situá-lo em sua autenticidade, assim como se estivesse abrindo um arquivo (além disso, o "arquivo", etimologicamente falando, é a casa ou, por extensão, o lugar, por exemplo, o lugar habitado pelo texto jurídico). Assim, esse texto legislativo contém vestígios políticos, sociais, econômicos, históricos e outros. A política consiste, por conseguinte, em uma dimensão da lei. O mesmo vale para o discurso social ou econômico. Não significa que esses discursos não façam parte do Direito, que eles sejam discursos de outros lugares, discursos que evidenciassem (para dizer as coisas dessa forma) o não-Direito. Inspirado por uma famosa fórmula de Derrida, que escreveu que não existe algo "fora-do-texto",[27] eu direi que não existe algo "fora-do-Direito". É preciso repetir: o que nós chamamos de lei ou de jurisprudência é *constituído*, inteiramente, de vestígios políticos, econômicos ou outros. Através de seus vestígios que foram dissolvidos nos textos do Direito, que se alojaram em algum lugar entre as linhas

---

[27] DERRIDA, Jacques. *De la grammatologie*. Paris: Editions de Minuit, 1967, p. 227. A frase aparece em itálico no texto original.

## I – EM VEZ DE SI MESMO

e que, assim, atestam uma sobrevivência textual, que constituem a trama do texto, seu material, seu tecido (pensemos nas afinidades etimológicas entre as palavras "texto" e "têxtil"), discursos permanecem presentes no Direito, embora de uma maneira subterrânea e, portanto, invisível (há uma irredutível *permanência* do traço ou um pontilhado do traço, há um desaparecimento no Direito). A lei, a jurisprudência, isso tudo é assim: um acúmulo persistente de vestígios heterogêneos que assombram os textos, um pouco como os fantasmas. Esses vestígios não devem ser conceituados como camadas que se sobreporiam cuidadosamente umas às outras, como sedimentos (uma camada de política sobre o social e assim por diante), mas sim sob a forma de emaranhamento. E é, por assim dizer, esse mesmo entrelaçamento ou essa montagem, esse rizoma, que em última análise é constitutivo do Direito e portador de significado. O vestígio é a presença de outra coisa, de uma outra energia significante, no Direito – o qual não é, portanto, "puro" (ao contrário daquilo que se quis imaginar em Viena nos anos 1930). Assim, o vestígio mostra como o Direito é elaborado, em sua própria construção, a partir de um amálgama de diferenças. E então, quanto mais o comparatista aprofunda seu trabalho sobre o vestígio, mais ele revela a diferença entre um Direito em relação a outros, a divergência que existe ali. Pode-se dizer dessa abordagem que ela veicula tanto inflexões "anamnésicas" (contra a perda de memória) quanto "hipermnésicas" (para uma intensificação da memória).

Para o culturalista, os estudos jurídicos comparativos têm muito mais a oferecer do que a simplicidade, e eles não estão lá para aliviar os juristas em relação àquilo que eles não dominam. Assim, o culturalista assume a posição de identificação dos vestígios e do desvelamento do significado, isto é, da superação do explícito, da descoberta daquilo que não é exprimido pelo texto – sem, contudo, jamais violar o texto.[28] Para atingir seus objetivos, ele opta por uma perspectiva interdisciplinar. Ele sabe bem que não é historiador e que talvez tampouco seja economista ou sociólogo. Mas ele constata também, e sobretudo, que ele não tem escolha. Apesar das divisões entre disciplinas na universidade brasileira, apesar das barreiras que o Direito continua a erigir em torno dele, o culturalista percebe, em última análise, que o

---

[28] Vale ressaltar que o recurso a uma "referência" qualquer, não importa qual seja, só pode ocorrer no texto e pelo texto, e esse ato de esclarecimento só pode ser inscrito em uma cadeia textual – o que exclui, por exemplo, a mobilização de um significado transcendental tal como a intenção do autor. Esse limite o leitor não pode transgredir, porque se o fizesse, ele transgrediria o texto. Como Derrida escreve, enquanto intérpretes, como é o caso dos comparatistas por exemplo, "[n]ós não temos direito algum de negligenciar essa limitação": DERRIDA, Jacques. *De la grammatologie*. Paris: Editions de Minuit, 1967, p. 228.

## I – EM VEZ DE SI MESMO

estudo do Direito sob a perspectiva exclusivamente positivista não explica nada, no fim das contas. Certamente, terá sido descrita a lei brasileira e a jurisprudência inglesa. Mas não se terá respondido – pelo menos não em profundidade – à questão de saber: "mas então, o que é que isso significa?". Como escreve Derrida, "há" a fonte pré-jurídica do jurídico.[29] "Há" isso também! De acordo com o culturalista, é importante realizar um trabalho de escavação, de investigação arqueológica, com o objetivo de atribuir significado, de maneira confiável, ao Direito inglês. É importante sublinhar que o culturalista não precisa contextualizar o Direito inglês. A rigor, não seria nem questão de haver contextualização, pois isso significaria que a política, a história, a economia e o resto existem à parte do Direito. Mas não é assim. Esses vestígios em questão *constituem* o texto jurídico; eles não apenas o acompanham. Para dizer as coisas filosoficamente, é uma questão de ontologia: é do "ser" do Direito que se está a tratar.

A ideia principal aqui é a de que um texto não se reduz àquilo que é visível, isto é, às palavras na página. O texto, escrito por exemplo por Derrida, não se limita à "presença sensível ou visível do gráfico",[30] e a textualidade é também aquilo que não

---

[29] DERRIDA, Jacques. *Politiques de l'amitié*. Paris: Galilée, 1994, p. 176.

[30] DERRIDA, Jacques. *Positions*. Paris: Editions de Minuit, 1972, p. 87.

é visível (nesse sentido, os vestígios históricos, econômicos e outros que o texto alberga, digamos, entre as linhas). E aquilo que não é visível é referido por Derrida como uma ausência. Em um texto, há, portanto, o que está presente (as palavras na página) e, como suplemento, o que está ausente (os vestígios). Mas é preciso admitir que aquilo que está ausente também está presente. Essa ausência é uma presença, um tipo de presença: vestígios estão lá, furtivos, nos espaços em branco! Para explicar isso, Derrida usa a imagem do fantasma e defende uma lógica do fantasma que abriria espaço para aquilo que é invisível e ainda está lá (a rigor, Derrida trata de uma "quase-lógica do fantasma", porque ele entendeu bem que um fantasma dificilmente é lógico).[31] Ademais, a presença ausente (os vestígios) é, sem dúvida, uma forma de presença ainda mais importante do que aquilo que está presente no sentido simples do termo (as palavras na página): a história, a política, tudo isso na verdade está longe de ser irrelevante! O que o culturalista faz é, assim, deslocar o olhar. Em vez de se ater apenas às palavras encontradas na página, como faria o positivista (para

---

[31] DERRIDA, Jacques. *Force de loi*. Paris: Galilée, 1994, p. 68. Vale mencionar que, por sua vez, Giorgio Agamben associa a cultura a um fenômeno de *"Nachleben"* (em alemão e em itálico no texto original!) invocando assim, tal como Derrida, a ideia de "sobrevida": AGAMBEN, Giorgio. *Stanze*. Torino: Einaudi, 1977, p. 131. Os vestígios são póstumos: eles se exibem como tantas outras sobrevivências.

## I – EM VEZ DE SI MESMO

quem o que conta é justamente aquilo que diz literalmente um texto de lei ou uma decisão jurisprudencial), o culturalista insiste naquilo que essas palavras dissimulam, naquilo que elas guardam em segredo, naquilo que elas aparentemente não dizem, mas que elas afirmam no fim das contas muito bem. Para o culturalista, as principais questões estão aí, nesse silêncio (barulhento!). É claro que o comparatista continuará a levar em conta a legislação e as decisões jurisprudenciais. Ele ainda buscará identificá-los e descrevê-los. Afinal, nós, os juristas, estamos interessados no Direito! Mas o comparatista não vai mais considerar que o Direito positivado representa a única dimensão do texto ou então o aspecto mais significativo dele. Pelo contrário, ele vai dar ênfase na ausência, isto é, no vestígio, que é também uma presença. Repito: o comparatista será forçado a ler nas entrelinhas! O culturalismo percebe o trabalho incessante do vestígio e se dá conta que é a imbricação empírica e coesa dos vestígios, cada um com a sua singularidade, que conduz à formulação de um Direito dotado de sentido. E é também a multiplicidade dos vestígios – porque eles são políticos, sociais, econômicos, históricos ou outros – que faz com que um Direito, não importa o qual, seja singular plural.

Some-se a isso – as coisas definitivamente não são simples! – o fato de que nenhum vestígio é originário. Cada vestígio convoca seu antecedente.

Sempre "haverá" aquilo que precede o vestígio. Derrida recorda que nessa matéria não há começo.[32] Assim, embora seja possível ao comparatista brasileiro detectar (e descerrar) como elemento constitutivo da lei francesa de 2004 relativa à laicidade nas escolas uma resistência do Estado francês a qualquer reconhecimento de direitos às minorias (ou até mesmo uma resistência a qualquer reconhecimento de minorias), esse próprio vestígio alberga outros vestígios, que são, portanto, anteriores a ele. Assim, é permitido ao comparatista brasileiro sustentar que a objeção francesa às minorias advém do impacto da filosofia de Rousseau. Para dar uma explicação plausível da objeção francesa aos direitos das minorias, é necessário lançar-se em um rastreamento que vá até Rousseau. Mas o pensamento de Rousseau também é constituído por vestígios. Como poderia ser de outra forma? Se nos debruçarmos sobre os trabalhos do filósofo, podemos observar que ele foi inspirado por Locke, por Hobbes e por... Esparta. Desse modo, os pensamentos de Locke e Hobbes, assim como a experiência espartana, terão deixado vestígios nos textos de Rousseau, sendo estes, por consequência, constitutivos da textualidade de sua reflexão. Mas não pode haver dúvida de que os textos de Locke e Hobbes ou aqueles escritos em Esparta albergam

---

[32] *Cf.* DERRIDA, Jacques. *Spectres de Marx*. Paris: Galilée, 1993, pp. 255/256: "Tudo começa antes de começar".

## I – EM VEZ DE SI MESMO

também vestígios de discurso constitutivo que um intérprete também poderia inventar. Porém, esse processo segundo o qual encontramos sempre um vestígio remetendo a outro vestígio anterior, por se tratar de uma dinâmica inerente à própria constituição de um texto, já que um texto é estruturado dessa forma, ele não tem como ter um fim – ou um começo: sob a superfície sempre virgem do texto (porque o texto permanece sendo o texto), há uma infinidade de vestígios![33] Derrida nos lembra corretamente: o texto, "você tem que aprender a lê-lo com uma paciência infinita".[34]

É preciso, contudo, que o estudo jurídico comparativo pare em algum lugar. E ele vai parar. Mas não será interrompido porque se tornou possível, em um dado momento, dizer: "Ok, a partir daqui, não se trata mais de Direito". Não. Porque o comparatista está sempre mais ou menos "em" Direito ou "no" Direito. Ele nunca abandona completamente o *locus* do Direito. Em nenhum momento, enquanto evidencia seus vestígios, o comparatista pode considerar que ele se encontra claramente fora do Direito. Este é o momento para meditar sobre esta frase do

---

[33] Ver KOFMAN, Sarah. *Lectures de Derrida*. Paris: Galilée, 1984, p. 65.
[34] DERRIDA, Jacques. *Parages*. 2ª ed. Paris: Galilée, 2003 [1976], p. 38.

escritor austríaco Thomas Bernhard (1931-1989): "O mundo é absolutamente, completamente jurídico".[35] Todavia, quando o comparatista parar, porque afinal é preciso (assim como vou colocar um fim a este texto em um determinado momento, porque é preciso), ele não terá abandonado o Direito e saberá que, se ele tivesse desejado, ele poderia ter escavado novamente, revelando ainda vestígios dos vestígios, permanecendo ainda assim "em" Direito. Uma vez que há tanto a ser revelado, uma vez que cada vestígio leva a outro vestígio que, por sua vez, leva a outro vestígio e assim por diante, pode-se esperar que um comparatista tenda a dar ênfase a um ou a outro dos discursos albergados pelo Direito. Alguns comparatistas insistem, por exemplo, na história como um discurso constitutivo do Direito. Para outros, é a economia que atrai a atenção enquanto elemento constitutivo do Direito. Essa divisão do trabalho, para chamá-la

---

[35] BERNHARD, Thomas. "Ist es eine Komödie? Ist es eine Tragödie?" *In: Erzählungen*. Frankfurt: Suhrkamp, 2001 [1967], p. 74. Para uma versão mais "jurídica" dessa proposta e merecedora atenção, ver WILSON, Geoffrey. "English Legal Scholarship". *Modern Law Review*, London, vol. 50, n. 6, pp. 818-854, 1987, p. 831: "Seria imprudente, por exemplo, conceber qualquer coisa da sociedade japonesa como algo *prima facie* irrelevante para a compreensão do Direito japonês na primeira tentativa de apreendê-lo" ["*It would be unwise for example to regard anything in Japanese society as* prima facie *irrelevant to the understanding of Japanese law on first setting out to get to grips with it*"].

## I – EM VEZ DE SI MESMO

assim, ocorre porque um comparatista não pode fazer tudo — escavar tudo — sozinho. Aprender a história ou a política ou a economia inglesa, por exemplo, para nelas encontrar vestígios que teriam constituído certa doutrina do Direito contratual inglês, já é um enorme desafio para o comparatista brasileiro. Uma vez que ele "escolhe" uma dada perspectiva ou um dado ângulo de análise, é preciso notar que a explicação que ele irá propor para apresentar um texto do Direito inglês enquanto uma rede de vestígios à qual ele terá desejado se dedicar — essa atribuição de sentido ele sugerirá, essa proposta de leitura — não advirá da ideia de "verdade". O que o comparatista diz sobre o Direito inglês, a leitura desse Direito que ele defende, não pode ser oferecida como sendo "verdadeira". Para repetir essa afirmação de uma maneira mais exasperante (e mais justa), mas não menos relevante, quero enunciar o seguinte: o que eu digo sobre o Direito inglês enquanto comparatista *não é verdade, simplesmente não pode ser verdade* — e isso porque sou eu que estou falando, isso porque eu só posso me expressar a partir de um ângulo determinado e, sendo o Direito estrangeiro insaturável, eu não posso dizer tudo sobre ele. E então a narrativa sugerida pelo comparatista será, por sua vez, "objeto" de uma interpretação de seu leitor. À luz de sua situação (logo, nem sempre conscientemente), ele é na realidade chamado a julgar à luz de outras interpretações que também estão disponíveis.

Eu quero repetir aqui um argumento que formulei anteriormente. A partir do momento em que ele intervém no Direito do outro, o comparatista deve dar efetividade a dois valores primordiais, a saber, reconhecimento e respeito. Isso faz parte de uma ética de comparação. É certo que as concepções do Direito vindas de outros lugares podem me chocar e até mesmo ofender minhas mais profundas convicções. Mas, enquanto criação do pensamento humano, o Direito estrangeiro permanece digno do meu reconhecimento e respeito (um reconhecimento e respeito que, não podemos olvidar, são também aquilo que eu espero do outro em relação ao "meu" Direito). Isso não significa, evidentemente, que eu deva concordar com o Direito que se vive em outro lugar. Assim, a decisão de tal Direito de manter a pena de morte a título de sanção penal possível não exige a minha concordância. Mas essa escolha merece ser reconhecida e respeitada. Por mais que essa prática possa afrontar minha sensibilidade, por mais que ela possa suscitar reprovação de minha parte, ela merece do mesmo modo meu reconhecimento e meu respeito a título de manifestação da alteridade jurídica que obedece a uma dada racionalidade, certamente diferente da minha. A esse respeito, os filósofos americanos Donald Davidson (1917-2003) e Willard Quine (1908-2000) desenvolveram um princípio de interpretação caritativa, do qual eu retomo aqui alguns aspectos adaptando-o ao meu propósito.

## I – EM VEZ DE SI MESMO

Trata-se de afirmar que, no contexto de uma "relação" entre o eu-que-intervém-no-Direito-do-outro e o Direito do outro, o comparatista deve fazer valer a ideia segundo a qual o outro Direito é também a expressão de uma racionalidade. É certo que ela se difere daquela que rege o "seu" Direito. Mas isso não elimina o fato de que ela continua sendo uma racionalidade em ação. Em nome da caridade, o comparatista não pode se permitir pensar que os partidários da pena de morte são loucos. Por mais estranho que qualquer outro Direito estrangeiro possa me parecer sobre essa ou aquela questão, cada Direito permanece sendo a expressão de escolhas feitas por seres humanos em nome de certos valores, por certas razões, por seres humanos que, como tais, estão entregues a uma elaboração da mente ou a uma criação psíquica. Os comparatistas se insurgirão sem dúvida contra este argumento, porque, dirão eles, isso seria expressão do relativismo. Respondo antecipadamente a essa objeção dizendo que tudo depende daquilo que queremos dizer com "relativismo". Se se trata de afirmar que nenhum Direito pode ser objeto de um juízo de valor, que todo Direito é imune à crítica, então eu sou contra o relativismo. Mas se queremos dizer que nenhum Direito é intrinsecamente melhor do que outro, que nenhum Direito pode servir de critério para julgar todos os outros, os quais por conseguinte deveriam ser valorizados ou desvalorizados à luz desse Direito erigido à condição de referência, bem, então sim, nesse sentido sou ferozmente relativista — ou, de todo modo, segundo a fórmula sutil do antropólogo Clifford Geertz (1926-2006), sou "anti-anti- relativista". Afinal de contas, como o filósofo Richard Rorty (1931-2007) apropriadamente escreveu, "aquilo que pode ser considerado como um argumento racional é tão historicamente determinado, e tão decorrente de seu contexto, quanto aquilo que pode ser considerado como um bom francês".[36]

Dessa maneira, percebemos aquilo que deveria consistir, na minha opinião, em uma das principais tarefas do comparatista. É preciso, com efeito, que ele se disponha a ouvir o Direito de modo a atribuir-lhe um significado. Para o comparatista, a questão primordial é sempre esta: "Mas então, o que é que isso significa?". O papel do comparatista é atribuir significado a esse outro Direito (que fala uma outra língua, com o qual, por conseguinte, não é possível dialogar), porque existe ali um Direito que é diferente do "seu" e que possui, no entanto, um sentido (retomo aqui o princípio da interpretação caridosa). Essa atribuição de sentido é, precisamente, a responsabilidade do comparatista. O comparatista é o jurista brasileiro que, por exemplo, e modestamente (a modéstia deve, aliás, ocupar um lugar importante

---

[36] RORTY, Richard. "Response to Habermas". *In:* BRANDOM, Robert D. (coord.). *Rorty and His Critics*. Oxford: Blackwell, 2000, p. 60.

## I – EM VEZ DE SI MESMO

na pesquisa comparada), disse a seus colegas brasileiros: "Você está escandalizado com o Direito do Estado do Texas que admite a pena de morte. Mas você não está entendendo. Você julga esse Direito tomando como parâmetro o seu próprio Direito. Você cria uma opinião à luz do único Direito que você conhece, o brasileiro. Eu sou um comparatista. Eu fiz do Direito texano meu 'objeto' de estudo. Deixe-me explicar-lhe. Deixe-me contar-lhe como se pensa o Direito lá e o porquê. Deixe-me re-apresentá-lo a você (isto é, apresentá-lo de acordo com minha perspectiva comparativa, logo, apresentá-lo novamente a você, apresentá-lo na esteira dos texanos, re-apresentá-lo a você) o Direito texano (eu me remeterei de novo a essa ideia de reapresentação abaixo). Deixe-me explicar os vestígios históricos, filosóficos, religiosos e outros albergados pelo Direito texano. Deixe-me principalmente demonstrar a você – uma vez que não se trata de transformar o Direito estrangeiro em outra coisa, mas sim fazê-lo resultar nele mesmo por meio da re-apresentação – a presença de vestígios de puritanismo no Direito do Texas. Esses vestígios são constitutivos do Direito texano. Eles estão presentes, estão lá. Eles assombram o Direito texano, eles *são* o Direito texano. Certamente é necessário saber ler as entrelinhas do texto legislativo. Mas deixe-me dizer-lhe o que o Direito texano *significa*". O comparatista é, também, o jurista brasileiro que diz aos seus colegas australianos: "Você está escandalizado com a lei francesa sobre a laicidade nas escolas. Você considera que essa lei viola o direito à dignidade humana, que ela infringe a liberdade de expressão, a liberdade de religião. Mas você não está entendendo. Você julga a lei francesa tomando como parâmetro o seu próprio Direito. Você cria uma opinião à luz do único Direito que você conhece, a saber, o Direito australiano. Eu sou um comparatista. Eu fiz do Direito francês meu 'objeto' de estudo. Deixe-me explicar-lhe. Deixe-me contar-lhe como se pensa lá e o porquê. Deixe-me lhe re-apresentar (vale dizer, apresentar-lhe segundo minha perspectiva comparatista) o Direito francês. Deixe-me explicar-lhe os vestígios históricos, filosóficos, religiosos e outros que o Direito francês alberga. Deixe-me principalmente demonstrar a você – uma vez que não se trata de transformar o Direito estrangeiro em outra coisa, mas sim fazê-lo resultar nele mesmo por meio da re-apresentação – a presença de vestígios de islamofobia no Direito francês. Esses vestígios são constitutivos do Direito francês. Eles estão presentes, estão lá. Eles assombram o Direito francês, eles *são* o Direito francês. Certamente é necessário saber ler as entrelinhas do texto legislativo. Mas deixe-me dizer-lhe o que o Direito francês *significa*". O comparatista brasileiro que explica o Direito texano aos brasileiros ou o Direito francês aos australianos é um abridor de portas, é aquele que conhece o código de entrada – aquele que detém as chaves da leitura (de acordo com outra imagem, o comparatista poderia ser assimilado a uma "balsa", um

## I – EM VEZ DE SI MESMO

barco que, no Québec, move-se de uma margem à outra transportando passageiros e seus carros). Em vez de ficar em "seu" lugar no "seu" Direito – uma estratégia que revela a categorização, classificação e organização de conceitos e institutos, que, para dizer o mínimo, cheira a mofo, a bolor – o comparatista, sem ficar do lado de fora olhando o cenário a partir de uma visão de sobrevoo, torna-se um virtuoso barco de passagem. No sentido etimológico do termo, é *"inter essant"* (no sentido de "estar entre"). Ele vai e vem de uma margem para a outra (às vezes, ele também atraca).

Reconhece-se que o comparatista brasileiro que explica o Direito do Texas não dirá as coisas tal como elas seriam ditas no próprio Texas. E o comparatista brasileiro que explica o Direito francês não dirá as coisas tal como o faria um francês. O comparatista nunca pode substituir o jurista daquele país e pensar como ele. Formulemos as coisas um pouco mais filosoficamente: o "si mesmo" não é o outro, não pode sê-lo e, em razão das vantagens críticas conferidas pela distância correta, não deve buscar sê-lo (quando, em uma correspondência de 1871 chamada *"Carta do Vidente"*, Rimbaud escreveu "Eu 'é' um outro", ele não queria falar da intercambialidade entre o "si mesmo" e o outro, mas sim sustentar que o "eu" é muita gente, é uma língua, uma família, professores e outras estruturas e pessoas – algo que é um pouco como as ideias de Heidegger antes da carta). Seria necessário pensar que essa distância desqualifica a opinião do comparatista, que diminui a sua relevância? Eu quero defender o contrário. Eu afirmo que o mérito da perspectiva comparativa reside precisamente no fato de ela vir de outro lugar. Naturalmente, é evidente que o comparatista, enquanto estrangeiro em relação ao Direito do outro país, não o compreenderá jamais como um jurista nacional, que sempre o compreenderá de maneira diferente (é o que diz Gadamer: na medida em que nos entendemos, nos entendemos sempre de uma maneira diferente).[37] Na "relação" com o outro, o comparatista não é o outro, e ele nunca será o outro. O comparatista e o outro não ocupam posições indiferentemente *experienciáveis*. Poderíamos dizer, aliás, em razão dessa assimetria, que a relação com o outro contém, em si mesma, um diferencialismo. A compreensão do comparatista não é menos útil, ou mesmo dispensável, uma vez que somente o observador situado em outro lugar que não "no" Direito estudado pode realizar a análise crítica permitida pela distância (e cujo conteúdo variará, do resto, de acordo com a distância). Minha premissa – e aqui eu tomo de empréstimo o argumento de Pierre Legendre, um eminente teórico do Direito – é a de que um jurista imerso em um discurso não o escuta mais, de tanto que ele se tornou familiar para

---

[37] Ver GADAMER, Hans-Georg. *Wahrheit und Methode*. 5ª ed. Tübingen: Mohr Siebeck, 1986, p. 296.

## I – EM VEZ DE SI MESMO

ele,[38] e é daí que decorre a relevância do ponto de vista vindo de outro lugar. Retomemos o exemplo do Código Civil.

Para um jurista brasileiro, a ideia de codificação do Direito Civil é evidente. Ele está tão acostumado com ela que já não percebe que se trata apenas de uma das possíveis maneira de fazer coisas entre tantas outras, que o Direito poderia ter sido organizado de forma distinta. O mesmo vale para a distinção entre "Direito Público" e "Direito Privado". E também para os conceitos de "Constituição" escrita, de "*mandado de segurança*" e seja lá o que mais. É que o processo de institucionalização desempenhou muito bem o seu papel! Mas a vantagem do comparatista é precisamente que seu pensamento próprio não foi nem mesmo institucionalizado. Sem dúvida, o comparatista experimentou um processo de institucionalização enquanto era estudante de Direito, enquanto crescia (ele foi feito para crescer!) no "seu" Direito. Mas isso foi em outro lugar, foi de acordo com outro Direito, segundo os preceitos de outra cultura jurídica que obedecia a uma outra racionalidade. Voltemo-nos ao Direito que consiste no "objeto" de estudo do comparatista. Em relação a esse Direito, o comparatista é capaz, se é que podemos dizer assim, de manter a

---

[38] Ver LEGENDRE, Pierre. *Jouir du pouvoir*. Paris: Editions de Minuit, 1976, p. 133.

mente aberta – o que, em certa medida, já não é mais possível para o jurista nacional (eu escrevi anteriormente que o jurista não pode pensar o que ele quiser. Eu mantenho o que disse. Mas eu não quero fazê-lo acreditar que eu me filio a um determinismo absoluto, segundo o qual o jurista nacional seria privado de toda e qualquer liberdade de pensamento. Não se trata obviamente de incorrer em tais excessos. O que eu digo é que há soluções – e elas são inúmeras – que o jurista nacional não cogitará questionar, que não lhe ocorrerá pôr em xeque, que fazem parte, por assim dizer, de seu "acervo jurídico". A esse respeito, o comparatista vem provocar o jurista nacional, o que é uma prática útil e necessária, mesmo que apenas para evitar qualquer forma de complacência). O jurista brasileiro pode, portanto, criticar o Direito inglês (no sentido de crítica como virtude).[39] E ele deve fazê-lo. Como sábio comparatista, ele irá, no entanto, proceder à sua crítica de acordo com uma lógica de reconhecimento e respeito. Não afirmará que o Direito brasileiro é o melhor e que, por essa razão, o Direito inglês deve se adaptar a ele. Ele pode talvez tentar, por meio de vários argumentos, convencer o inglês a adotar a concepção brasileira a respeito dessa ou daquela problemática. Seu sucesso dependerá, em

---

[39] A relação entre "crítica" e "virtude" é devida a FOUCAULT, Michel. *Qu'est-ce que la critique?* Paris: Vrin, 2015 [1990], p. 35.

## I – EM VEZ DE SI MESMO

última instância, da qualidade de seu discurso – o que me conduz de volta não à ideia de "verdade", mas sim à dimensão retórica das coisas.

Eu quero ainda fazer um esclarecimento. Existe, então, a divergência entre os sistemas jurídicos, o que é outra maneira de dizer que os sistemas jurídicos são incomensuráveis uns em relação aos outros. Qual seria a medida comum que nos permitiria organizar entre eles um Direito com um Código Civil e um Direito sem um Código Civil? A mesa é mais comprida que o lápis, porque ela possui mais centímetros. Mas um Direito com um Código Civil é mais "o que" do que um Direito sem um Código Civil? Mais claro? Mas segundo quem, de acordo com qual noção de "clareza", se não existe "a" clareza? À luz de qual compreensão de "clareza", então, a "clareza" do Direito será apreciada? A de juristas que estão familiarizados com o Código Civil? Um Direito com um Código Civil proporcionaria maior segurança jurídica? Mas segundo quem, de acordo com qual noção de "segurança", se não existe "a" segurança? Aquela dos juristas que estão familiarizados com o Código Civil? Nós andamos em círculos. Afirmar que os sistemas jurídicos são incomensuráveis não significa, todavia, que eles sejam incomparáveis. Assim, é perfeitamente possível comparar o Direito brasileiro com o Direito inglês. Mas essa comparação é a comparação de duas singularidades (certamente plurais). Existe de fato um elemento comum entre os dois sistemas jurídicos que torna possível, no ponto de partida, "entrar" na comparação, uma ponte teórica, por assim dizer. Posso comparar um vaso e um carro com base no fato de que, em ambos os casos, trata-se de um bem de propriedade da Imogene. A condição de "bem de propriedade da Imogene" será, pois, meu ponto de entrada na comparação. Continuo sustentando, entretanto, que a partir do momento em que eu entrar na comparação, eu terei que me ater a uma análise estritamente diferencial em nome da ética comparativa, que me chama ao meu dever de reconhecimento e respeito, que me atrela à minha condição de testemunha. Mas essa ética passa pela (tentativa de) descoberta da autenticidade do Direito estudado. Eu insisto nisso: essa lógica das singularidades não impede a comparação. Por exemplo, eu realizarei o exame do vaso revelando sua forma, seu preço, a luminescência do cristal e assim por diante. Eu farei o mesmo com o carro. No caminho, construirei duas singularidades que irei comparar, mas que não tentarei uniformizar sintetizando-as. Como irei aprofundar meu trabalho arqueológico, chegarei então a um determinado momento em que a síntese não será mais concebível, porque eu já terei nessa altura singularizado cada "objeto" a ponto de que terá sido revelada uma dimensão deles que não se deixará abater (isso poderia se chamar de parte "não-sintetizável" do Direito estrangeiro). Mas por mais singular que seja o

## I – EM VEZ DE SI MESMO

"objeto", sua comparação com um outro "objeto" singular permanece possível. É a síntese que deixa de ser o objeto. Mas a ideia segundo a qual é necessário que a comparação entre sistemas jurídicos resulte em uma síntese – tal como Zweigert, Kötz e seus muitos seguidores pensam – deve justamente ser eliminada do campo dos estudos jurídicos comparativos. O que o comparatista deve fazer é, em vez disso, elucidar a singularidade jurídica (certamente plural) consagrada locanlmente, isto é, imersa em uma história, uma economia, uma filosofia, uma sociedade de uma dada localidade, e que alberga em sua textualidade vestígios dessa múltipla imersão que pode ser identificados pelo comparatista por meio de uma abordagem arqueológica. Ao fazê-lo, o comparatista procede ao que pode ser chamado de "re-imersão narrativa". Ele reinsere a singularidade jurídica em sua própria narrativa, na comparação que ele mesmo constrói. Mas pelo menos ele deve, ao longo de sua intervenção, reconhecer e respeitar a singularidade de cada manifestação do Direito, organizando e ao mesmo tempo preservando os vestígios culturais que lá "existem".

Eu milito, portanto, em prol de uma outra abordagem de comparação – clamo por aquilo que chamo de comparação "de outra forma" – e isso sempre em nome de uma ética da comparação articulada em torno das noções de "reconhecimento" e "respeito" como ideias reguladoras. Desse modo, quero que os estudos jurídicos comparativos passem do paradigma da autoridade para o paradigma da alteridade. Para oferecer uma explicação honesta e fiel de um Direito situado, é preciso situá-lo. Se não o situamos, uma vez que "existe" a situação, a re-apresentação que se faz dela será necessariamente cheia de lacunas, e também injusta. Como o Direito do outro está situado, o comparatista não tem escolha. Ele deve tentar restaurar essa situação: é com base na integridade dessa reconstituição que ele proporá a leitura do Direito estrangeiro.

Mas, conforme eu já disse, o comparatista falhará. Ele errará o tiro, porque, no fim das contas, não é possível reconstituir o outro tal como ele é. Assim como não posso me colocar no seu lugar, o comparatista não consegue se colocar no lugar do outro Direito! Ele tentará em vão fazer tudo o que puder para ser honesto para com o outro, para honrar sua dívida para com ele, para fazer justiça a ele, de modo a tentar chegar a uma re-apresentação em todos os aspectos fiel ao outro Direito, e ele não saberá repetir o outro Direito tal como ele é. A repetição é impossível (aquilo que repetimos nunca é a mesma coisa) – ou, se preferirmos, a repetição se mostra diferente, algo que chamamos de "iteração". Outra maneira de enunciar essa ideia: só é possível produzir uma re-apresentação, já que a representação não é possível. Naturalmente, o comparatista fará tudo o que está em seu poder para reconstituir o outro

## I – EM VEZ DE SI MESMO

Direito. Mas, no lugar de uma restituição, será produzida uma re-situação, porque sempre o outro Direito é percebido através do prisma do Direito no qual o próprio comparatista foi institucionalizado, de sorte que sempre o outro Direito é visto através do *Rechtskulturbrillen* do comparatista. Como poderia ser de outra forma? Como uma "referência", o comparatista tem apenas a sua visão do mundo a oferecer, e esta foi moldada pela instituição na qual ele aprendeu (e onde o ensinaram a aprender) o Direito. Assim, o comparatista brasileiro sempre acabará considerando que a ausência de um Código Civil na Inglaterra constitui, de uma maneira ou de outra, mesmo do modo mais limitado que seja, um problema. Representar o outro-jurídico é sempre re-apresentá-lo – e isso implica, portanto, perder a representação.

Uma vez os estudos jurídicos comparativos implicam estruturalmente, necessariamente, uma re-situação e não uma reconstituição do Direito, pode-se, portanto, falar de fracasso. Mas, para usar as palavras de Samuel Beckett (1906-1989) em *Worstward Ho* (1983), devemos falhar melhor do que, até o presente momento, já falhou o pensamento positivista dominante no campo dos estudos jurídicos comparativos![40] Dito de outra forma, inevitavelmente

---

[40] Ver BECKETT, Samuel. "Worstward Ho". *In:* VAN HULLE, Dirk (coord.). *Company, etc.* Londres: Faber & Faber, 2009 [1983], p. 81.

falharemos na tarefa de "reproduzir" o outro Direito, mas devemos nos aproximar ao máximo do ideal (a reconstituição perfeita, aquela que é inatingível), algo que os comparatistas ortodoxos não conseguiram alcançar até agora. É nesse sentido que devemos falhar melhor, melhor do que se conseguiu fazer a partir da perspectiva limitada da pesquisa positivista. Mas o tipo de estudo jurídico comparativo que permite fracassar melhor, isto é, que possibilita aproximar-se mais do ideal de "reconstituição" do outro Direito, é a comparação culturalista. Portanto, o que deve ser feito pelo o comparatista brasileiro é "escavar" o máximo possível (ou, em todo caso, o mais razoavelmente possível), envolver-se em um trabalho de arqueologia a fim de re-apresentar um Direito inglês ao público brasileiro de tal forma que os leitores tenham um conhecimento otimizado, que possa ser compreendido da melhor forma em relação ao que ele significa. Trata-se de re-apresentar o Direito inglês aos leitores brasileiros sob uma luz que faça o máximo de sentido. Quanto mais o comparatista se equipa de ferramentas heurísticas poderosas (história, política, economia, filosofia), melhor elucidará a especificidade, a singularidade (certamente plural) do Direito estrangeiro que ele estuda.

Nesse contexto, é preciso observar que escrever uma síntese entre dois sistemas jurídicos – por exemplo, no final da comparação – revela-se como

## I – EM VEZ DE SI MESMO

algo totalmente falsificado, artificial. Não estou dizendo que nunca devemos adotar um Direito uniforme, que eu seja contra toda e qualquer convenção internacional (estou pensando no Direito Marítimo, ao qual já me dediquei).[41] Mas eu sustento que a pesquisa que caminha nesse sentido, orientando-se em direção a tentativas de padronizar sistemas jurídicos, não pode ser considerada como estudos jurídicos comparativos (exceto na medida, é claro, em que essas convenções são aplicadas em âmbito nacional, portanto em "mais de um Direito", algo que, além do mais, questiona de modo essencial sua pretensão à unidade e nos remete rapidamente à ideia de Direito "fragmentário", do Direito em pedaços que resiste à uniformização: cogitemos, por exemplo, da *Convenção sobre a Venda Internacional de Mercadorias* e digamos que, apesar do que esse texto parece sugerir, ela não alcançou a uniformização dos sistemas jurídicos, longe disso, pois o que se constata é que ela não conseguiu fazer nada além de deslocar o problema do

---

[41] Não se trata, no entanto, de sustentar – ingenuamente ou tolamente – que o Direito uniforme deva estabelecer regras "destinadas a serem usadas em todo o mundo, independentemente das tradições jurídicas e das condições econômicas e políticas dos países nos quais elas irão se aplicar". Cito a criação pelo Conselho Diretivo do *Unidroit* de seus *Princípios relativos aos contratos o comércio internacional*, publicados pela primeira vez em 1994 e repetidos algumas vezes desde então.

"local" para o "glocal").[42] Seja como for, a partir do momento em que se deseja passar de "mais de um Direito" para "um único" Direito, abandona-se o terreno do comparatismo. Mais uma vez, não estigmatizo de forma generalizada os projetos de uniformização de sistemas jurídicos e tenho consciência de que o respeito à singularidade (embora plural) não é o único valor que conta. Mas se alguém escolhe, por alguma razão, rejeitar a ideia de "singularidade", então essa pessoa estará fazendo algo diferente que não a pesquisa comparativa. Obedece-se então a uma outra lógica, a lógica da identidade: busca-se reduzir os sistemas jurídicos a um. O comparatista, por sua vez, inevitavelmente constata

---

[42] A ideia de "glocalização" – aquela que afirma que qualquer deslocamento em escala global se articula necessariamente com elementos do conhecimento local para constituir conjuntos singulares (certamente plurais) – foi agora adotada, sabiamente, pela paisagem sociológica. Ver, por exemplo, ROUDOMETOF, Victor. *Glocalization*. Londres: Routledge, 2016. Assim, ao contrário da "globalização" na qual se poderia pensar em razão das aparências, o "*Starbucks*" de Paris da *rue de Rivoli*, na estação de metrô *Saint-Paul*, mostra muitas características singularmente francesas – ao contrário do "*Starbucks*" situado na esquina das ruas *State* e *Ohio* em Chicago, caracteristicamente estadunidense. Para estudos que denunciam o mito da uniformização de direitos por meio das convenções internacionais, ver, por exemplo, BERMAN, P. S. "The inevitable pluralism within universal harmonization regimes: the case of the CISG". *Uniform Law Review*, Oxford, vol. 21, n. 1, pp. 23-40, 2016; STEPHAN, Paul B. "The futility of unification and harmonization in International Commercial Law". *Virginia Journal of International Law*, Charlottesville, vol. 39, n. 3, pp. 743-797, 1999.

## I – EM VEZ DE SI MESMO

a divergência entre os ordenamentos sem tentar desvalorizá-la de maneira generalizada; pelo contrário, ele se pergunta: "Mas então, o que é que isso significa?".

Eu defendo, assim, a comparação que, em vez de si, abre espaço para o outro Direito, que lhe dá a palavra. É a comparação da divergência, que, se for articulada em torno das ideias de "reconhecimento" e de "respeito", só pode ser a comparação da escuta. Se não há escuta, incide a tentação da apropriação, da assimilação, de tudo aquilo que se camufla sob as ideias de "uniformização" ou de "unificação", ou mesmo de "harmonização". Se não houver mais escuta do outro Direito, não haverá mais comparação de sistemas jurídicos. O que eu sustento, portanto, é a comparação *apesar de tudo*, assim denominada a comparação que se faz a despeito do "meu" Direito, na medida em que esse se apresenta cegamente como uma totalidade jurídica, bem como a comparação *mesmo assim*, assim concebida a comparação realizada ainda que a análise mais refinada nunca seja capaz de retratar o outro Direito por completo, ainda que ela não possa descrever com perfeição o outro Direito.

Sim. É necessária a comparação de sistemas jurídicos, e em primeiro lugar porque existe ali o outro Direito. Pois como eu poderia, *eticamente*, deixar de abrir espaço para o outro Direito a partir do momento em que "existe" o outro Direito? Sua mera presença me desafia, me interpela, me pede para me livrar das amarras de minha própria cautela, me convida a me afastar do meu porto seguro, me exige reconhecimento e respeito, me obriga a fazer-lhe justiça, a pagar minha dívida para com ele. E então, devo querer me inspirar no outro Direito, mobilizá-lo no plano normativo, para aprimorar o "meu", já que este último é intrinsecamente aprimorável. Eu preciso então *lhe* abrir um espaço, a ele, ao outro Direito, abrir a ele o *seu* espaço. Esse outro Direito, justamente porque ele é "outro", é diferente do "meu" – e essa diferença, essa divergência, é de uma obviedade ululante. Deixo, mais uma vez, falar Derrida (prestando-lhe homenagem): "O ouvido refinado é um ouvido que ouve com refinamento, que percebe as diferenças. Perceber as diferenças é fazer, precisamente, a distinção entre coisas aparentemente semelhantes".[43] Em seu prefácio à obra "*O espírito das leis*", Montesquieu não deixava de pensar nisso e anunciava a ambição de seu projeto de pesquisa em Direito estrangeiro nesses termos: "[N]ão enxergar como semelhantes os casos realmente diferentes; e não perder de vista as diferenças daqueles que parecem semelhantes".[44]

---

[43] DERRIDA, Jacques. *L'Oreille de l'autre*. LEVESQUE, Claude; et McDONALD, Christie V. (coord.). Montréal: VLB Editeur, 1982, p. 70.

[44] MONTESQUIEU. "De l'esprit des lois". *In:* CAILLOIS, Roger (coord.). *Œuvres complètes*. vol. 2. Paris: Gallimard, 1951 [1748], p. 229.

# II
# Imogene ao trabalho

Imogene toma assento na Biblioteca de Direito da Universidade de Cambridge. Trata-se de uma jovem comparatista de origem brasileira, formada em Faculdades de Direito do Brasil e da França, tendo realizado dois anos de estudos em Filosofia alemã em Berlim, Doutora em Direito pela Universidade de Oxford, especialista naquilo que no Brasil é chamado de "Direito Societário". Trata-se aqui de observá-la em seu trabalho de comparação durante as duas semanas que ainda lhe restam antes de voltar para o Brasil, tendo em vista que o escritório de advocacia empresarial de Brasília onde em breve realizará um estágio lhe solicitou um texto de cerca de vinte páginas sobre o Direito das "*derivate actions*" na Inglaterra (um tema que no Brasil a teria levado a estudar a "*ação de responsabilidade de administradores*"). E Imogene quer agradar!

Notemos desde logo a perspicácia da concepção de Imogene sobre seu trabalho como comparatista (ainda que sejam poucos os comparatistas que reflitam sobre a comparação): mesmo antes de ela começar a procurar aquilo que ela ambiciona identificar – o porquê do Direito estrangeiro – ela tem plena consciência de que é *ela* que está prestes a desenvolver esse trabalho sobre o Direito inglês, ela e não outra pessoa qualquer, que promoveria, justamente, uma outra leitura da comparação de sistemas jurídicos. Imogene, portanto, conduzirá sua pesquisa na primeira pessoa do singular. Como ela sabe que o comparatista nunca está ausente dos textos nos quais se inscrevem suas comparações, e como ela admite sem resistência que qualquer comparação, seja ela qual for, nunca é neutra, mas inevitavelmente tendenciosa e prescritiva, Imogene escreverá "eu", corajosamente. Ela não se esconderá sobretudo por trás de um infame "nós" (etimologicamente, o "infame" é o não-atribuível). O comparatista não é um sem-lugar (seria fácil sustentar que ele está a cem léguas de ser um sem-lugar). Se Imogene rapidamente percebeu que suas certezas estavam situadas, ela também logo descobriu que, mesmo quando ela duvida, ela duvida na "sua" língua, bem como em suas concepções jurídicas. E pelo fato de ela não poder emancipar o Direito estrangeiro da sua redação (mesmo depois que a tinta estiver finalmente fixada, a reabsorção da vida do Direito estrangeiro pelo papel não suprime a

## II – IMOGENE AO TRABALHO

caneta do escritor comparatista), Imogene pretende exorcizar definitivamente o fantasma de um "si mesmo" que supostamente observa de fora. Ao colocar em cena o Direito estrangeiro, ela também se coloca no palco.

Sendo assim, Imogene não ignora que sua genealogia individual permanece inseparável de uma topologia cultural que ela carrega dentro de si, tal como todo jurista. É porque ela foi *formada* e ela sabe disso. A partir de então, seu campo de possibilidades, sejam concebíveis ou realizáveis, tornou-se estreitamente circunscrito (ela percebe que, embora acreditemos que possamos escolher, nós é que somos escolhidos, capturados). Ela também entende que sua comparação, se quiser ser feita às claras, deve necessariamente passar por um corte, talvez por alguma forma de exílio que a separe do mundo suavizado de onde ela vem. Ela está ciente, no entanto, que uma ruptura dessa natureza – uma emancipação – só pode agir *até aí*.

Dessa forma, Imogene não pretende fugir de suas responsabilidades epistemológicas. Entre estas, encontra-se a determinação do tempo, isto é, a determinação do número de dias ou horas que ela considera ter disponíveis para se dedicar ao seu estudo. Qualquer reflexão sobre a organização do conhecimento com a qual se comprometa o comparatista precisa adequar-se ao relógio, às restrições impostas pela passagem de horas e dias na estruturação de um texto. *O comparatista também está sempre obrigado a questionar: quanto tempo de leitura e de escrita eu terei disponível?* Em todo caso, a Imogene não se esquivará de confrontar a exigente singularidade (embora plural) de cada Direito estrangeiro. Ela evitará, assim, simular os caracteres supostamente "genéricos" que, artificialmente, assimilariam um Direito ao outro. Ela se recusará a ver a semelhança entre os sistemas jurídicos depois de ela mesma tê-la inserido em sua pesquisa. Ela não tratará do Direito estrangeiro com o "olhar enfeitiçado" que a "engana[ria]" e a faria acreditar na existência de "semelhanças" entre "um ovo sobre o prato e o crânio de um clérigo tonsurado com icterícia", para usar uma fórmula engraçada que ela leu em Foucault.[45] E Imogene tampouco esquecerá o aviso do crítico literário Gayatri Spivak, a quem ela admira enormemente: "No mundo dividido de hoje, descobrir variedades de similaridade significa ceder muito facilmente às falsas promessas da igualdade".[46] Não se trata, pois, de dissolver o que é estranho, porque deve ser uma questão, primordialmente, de reconhecimento e respeito. Mas isso não é algo

---

[45] FOUCAULT, Michel. *Raymond Roussel*. Paris: Gallimard, 1992 [1963], p. 180.

[46] SPIVAK, Gayatri C. "Rethinking Comparativism". *New Literary History*, Baltimore, vol. 40, n. 3, 609-626, 2009, p. 611.

## II – IMOGENE AO TRABALHO

irrelevante, porque é a justiça que está em jogo. E embora ela saiba muito bem que se trata de "justiça", nunca podemos dizer que "talvez" Imogene queira, tanto quanto lhe seja possível, fazer justiça ao Direito estrangeiro, para engrandecê-lo, para dar-lhe o alívio ou o brilho que ele merece, aumentando sua relevância. Como ela fala em nome do outro Direito, respondendo por ele, por exemplo, perante o escritório de advocacia brasileiro que a contratou, essa é a menor das obrigações que lhe incumbem para fins da reconstituição do Direito estrangeiro, tarefa cujo domínio ela agora se arroga em possuir. Sensível ao desdobramento produtivo da diferença, e da diferença *incomensurável*, Imogene invoca René Char em sua obra poética *Fúria e Mistério* e declara aos sistemas jurídicos estrangeiros: "desenvolvam sua estranheza legítima" comigo, através de mim.

Mas seu desejo por justiça a perturba. Como, de fato, transportar-se no pensamento do Direito inglês das "*derivative actions*" – se é que se pode legitimamente falar "do" pensamento do Direito inglês das "*derivative actions*", salvo para esconder as tensões que surgem entre as divergências internas –, como se transportar para lá, então, agora que a comparatista que ela se tornou tem plena ciência de que uma leitura atenta (uma "*close reading*") não será suficiente para entrar na experiência do Direito estrangeiro, tendo-se em vista que as palavras nas quais esse pensamento se manifesta são teimosamente intraduzíveis, e que ela própria se encontra em um lugar diverso daquele que justifica esse pensamento e todos os preconceitos que nele se encontram enterrados e sedimentados? Como se pode medir essa alteridade jurídica inglesa que é incomensurável para o Direito brasileiro e para outros sistemas jurídicos, sendo cada um deles dotado de uma área de significação singular (ainda que plural)? Seja como for, ao contrário de muitos de seus colegas brasileiros, Imogene não está convencida de que o que se pensa no Direito inglês não possa pôr em questão o Direito brasileiro, ou que o conhecimento jurídico estrangeiro só possa gerar um questionamento superficial ao Direito brasileiro. Imogene não está convencida de que o Direito Societário brasileiro detenha a chave, de que possua a ferramenta. Ela não concorda com o que a maioria de seus colegas brasileiros considera algo evidente no Direito brasileiro, algo que esse sistema há muito tempo reputa não suscitar problemas e por isso considera poder relaxar sem se preocupar e sem ter que ser afetado por algo além de um contato ocasional com a alteridade. Segundo Imogene, o Direito brasileiro ocupa apenas uma das possíveis vertentes de pensamento, e que só faz sentido a partir da perspectiva que esse próprio Direito elaborou.

Para Imogene, na biblioteca, o Direito estrangeiro deve ser entendido no sentido amplo,

## II – IMOGENE AO TRABALHO

porque ela compreende bem que, a rigor, um tratado ou um manual não é "o Direito estrangeiro". Aos seus olhos, de acordo com seu humor ou disposição, alguns trabalhos se destacam em detrimento de outros, evidenciam-se, chamam a sua atenção. Atormentada por uma certa ansiedade na abordagem desses inúmeros textos jurídicos significativos, Imogene resolve reunir sua documentação a partir de um artigo publicado alguns anos antes na *Modern Law Review* e dedicando-se à leitura do trabalho de referência em "*Company Law*" cuja quinta edição foi publicada pela Cambridge University Press em 2016. Poucas horas depois, ela já rodeou o seu computador com várias pilhas de livros, compostas desordenadamente por coleções de leis e jurisprudência, tratados e obras monográficas (incluindo dois fascinantes estudos sociológicos, mas não o trabalho recente de Joan Smith que, curiosamente, ainda não havia sido adquirida pela "*Squire*"[NT] e que ela terá que dispensar, ao menos por enquanto), revistas jurídicas, mas também uma publicação sobre *Political Studies*, na qual se encontra a contribuição influente de Tresmin G.O. Lane e, finalmente, uma meia dúzia de análises realizadas por vários grupos de pressão ou "*think

---

[NT] Forma abreviada de se referir à *Squire Law Library*, nome da biblioteca da Faculdade de Direito da Universidade de Cambridge onde Imogene realizou sua pesquisa.

*tanks*". Fazendo uma triagem entre a massa indiferenciada de documentos disponíveis na biblioteca, Imogene retém aqueles que, aparentando serem importantes, poderão constituir seu texto. Mas essa seleção não é fácil e, durante os três primeiros dias de sua visita, Imogene retorna frequentemente às prateleiras para completar seu acervo. Por duas vezes, ela se deparou com a ausência do livro procurado, embora tenha conseguido, no fim das contas, utilizar uma excelente conexão de internet e localizar um dos dois livros em um site comercial conhecido, e ler ali uma boa parte do capítulo que lhe interessava graças a uma busca por palavras-chave que permitiu a exibição de quinze páginas das vinte e três que faziam parte dessa seção. Além disso, em três ocasiões ela teve de se contentar com um tratado que não estava atualizado em sua edição mais recente. Em um desses casos, no entanto, Imogene poderia ter usado seu intervalo de almoço para encontrar o livro em livrarias e fazer uma leitura discreta no local. Mesmo que essa leitura não pudesse ser tão aprofundada quanto ela gostaria, mesmo que não permitisse que ela tomasse tantas notas como de costume, seria, no entanto, bem útil. Toda vez, diante de cada escolha, o ato de leitura de Imogene envolve a experiência da confiança, da confiabilidade, da credibilidade, porque os textos que ela lê são escritos por indivíduos que, em sua maioria, são desconhecidos por ela. A leitura do Direito estrangeiro faz parte de um ato de fé.

## II – IMOGENE AO TRABALHO

No quarto dia de sua pesquisa, logo após a inevitável xícara de chá no final da tarde, e porque *é preciso escrever*, Imogene começa a escrever seu texto, exercício de alquimia destinado a atrair o Direito estrangeiro para um terreno no qual é ela quem declara as regras, conhece a topografia, determina as proporções e estrutura o arranjo dos elementos. Ela continuará a se dedicar a esse processo de *destinatração*[NT] com perseverança até o fechamento da biblioteca naquela noite e ainda, paralelamente à continuação de sua pesquisa, durante os próximos dez dias. Escrevendo sobre o Direito inglês em português-falado-no-Brasil, Imogene assume a missão de escrever sobre o Direito tal como ele é em sua singularidade (o que decorre do reconhecimento e do respeito que ela deve a ele), mesmo que tenha que escrever sobre esse Direito de forma diferente daquilo que ele é (o que decorre do fato de que ela escreve a partir de *sua* leitura – nada garante que o significado que foi por ela "lido" converge com o significado que foi "escrito" – e também do fato de que ela obriga o Direito inglês a passar de um idioma para outro). Imogene, assim, pretende escrever sobre o Direito inglês *como-ele-é-de-outra-maneira*.

Ao longo desse breve período de pesquisa em Cambridge, depois de leituras insistentes, detalhadas,

---

[NT] No original, o autor utiliza a palavra "*destinattirance*", fusão entre as palavras "*destin*" (destino) e "*attirance*" (atração).

altamente detalhadas (numa comparação, os detalhes nunca são demasiados), de leituras *lentas*, agudas, Imogene é levada a tomar centenas de microdecisões, ou até mais. A título de exemplos, ela escolhe dar especial destaque para o julgamento de 2012 da *Supreme Court* britânica no caso *Thomas* v. *Diamond Holdings plc* e relegar a segundo plano a decisão da *House of Lords* em *Barnes c. New Century Investments Co.* datada de 1997. Em relação ao caso *Thomas*, é o voto de Lord Kent que a provoca mais intensamente e a faz querer citá-lo mais de uma vez. Quanto às dissidências de Lord Frank e Lady Bradford, ela não vê razão para nelas se demorar. Certamente, Imogene, que goza de um profundo conhecimento da cultura jurídica inglesa, está ciente de que os votos divergentes de hoje são, às vezes, as posições majoritárias de amanhã. Ela considera, no entanto, que as interpretações de Lord Frank e Lady Bradford se atêm meramente a uma leitura específica que eles propõem de certos fatos, e que suas opiniões não são dotadas, portanto, de um potencial normativo significativo. Como se diz no Direito inglês, esses votos estão mais destinados a serem *"confined to their own facts"*, isto é, a não se revelarem influentes para além do próprio litígio no marco do qual eles foram proferidos. E o que faz a Imogene com as duas decisões prolatadas em 1994 nos casos, amplamente divulgados pela mídia, *Jarvis* v. *Bay's plc* e *Church* v. *Woodward Investments plc*? Em última análise, ela decide dedicar pouquíssima atenção

## II – IMOGENE AO TRABALHO

a eles porque, em sua opinião, o valor de sua contribuição ao Direito foi fortemente desgastado com o passar do tempo. Evidentemente, ela precisa mencionar essas decisões, mesmo que apenas para evitar que a critiquem dizendo que sua pesquisa foi realizada de forma insuficiente. Mas não há dúvida alguma em sua mente de que é apropriado relegar esses dois julgados a um segundo plano, isto é, às notas de rodapé.

As microdecisões às quais me refiro não se limitam, obviamente, à jurisprudência. Dessa forma, Imogene procede incessantemente a fazer o mesmo tipo de escolha entre os textos dos inúmeros autores que consulta (algo que, no Direito inglês, *não* é chamado de "doutrina"). Em alguns casos, ela decide citar diretamente – e três vezes, em trechos longos – a opinião do autor. Em outras circunstâncias, ela se contenta com uma paráfrase, ou até mesmo com uma simples referência ao livro sob a forma de nota de rodapé. Em certas situações, ela considera que nem seria necessário mencionar o texto que ela havia consultado, notadamente porque percebia que a obra já estava obsoleta. E assim por diante... Por se tratar de autores, vale notar que Imogene, uma refinada comparatista, não se contenta em ler aquilo que os ingleses escrevem sobre os ingleses, de sorte que ela se esforça para incorporar à sua bibliografia duas análises brasileiras que souberam, segundo sua percepção, aproveitar de sua distância crítica em relação ao Direito inglês – o texto de um certo Valim lhe pareceu particularmente bem perspicaz. Ela não hesita, todavia, em excluir de sua seleção bibliográfica quatro estudos alemães em razão de seu juricentrismo exacerbado. Imogene não demorou muito a perceber, na realidade, que o aprisionamento do Direito inglês das "*derivative actions*" no reduto científico, bizarrice obsoleta à qual continuam agarradas as Faculdades de Direito alemãs, implica uma apropriação e uma distorção inaceitável do Direito estrangeiro. E porque ela está cansada, e cansada da suficiência da insuficiente *Wissenschaftslehre*,[NT] ela decide não se meter nisso.

Enquanto ela investe em certas leituras e descarta outras para, finalmente, interromper sua exploração documental, porque isso é preciso, Imogene não o faz sem perceber que o texto que ela constrói sobre as "*derivative actions*" inglesas não tem contornos, ele é desprovido de margens, de bordas (ao longo do caminho, ela se lembra de uma bela reflexão de Derrida sobre o texto que existe na ausência de bordas).[47] Isto significa que o seu estudo

---

[NT] O autor aqui faz referência à teoria desenvolvida pelo filósofo alemão Johann Gottlieb Fichte, normalmente traduzida para o português como "ciência do conhecimento" ou "doutrina do conhecimento científico".

[47] Ver DERRIDA, Jacques. *Parages*. 2ª ed. Paris: Galilée, 2003 [1979], pp. 118/119.

## II – IMOGENE AO TRABALHO

do Direito estrangeiro, essa comparação, essa interpretação, ela é suscetível de se estender ao infinito – ela não será, em todo o rigor do termo, terminada jamais, ela se repetirá incansavelmente até ela fracassar. Não sem melancolia, Imogene diz a si mesma que, pelo fato de "sua" linguagem sobre o Direito estrangeiro estar limitada apenas a inclinar-se *em direção* ao Direito estrangeiro – já que ela se manifesta apenas de uma maneira assintótica, isto é, ela nunca alcançará algo que seria exatamente o próprio Direito estrangeiro e, portanto, ela permanece afastada daquilo-que-seria-esse-Direito por uma distância suscetível de se reduzir drasticamente, mas não de desaparecer –, o comparatista só pode, no máximo, ir *em direção* àquilo que ele está examinando, ele só pode observar à distância, através dela. Assim, é no desajustamento de um adiamento (a reprodução fiel do outro Direito – sua duplicação – é sempre adiada) que o Direito estrangeiro escapa, aos poucos, da comparação, porque nenhuma leitura pode, por uma questão de princípio, fornecer uma interpretação integral de tudo aquilo que existe. Escrever sobre o Direito estrangeiro é menos sobre alcançar a linha de chegada e mais sobre trabalhar a lacuna, esse abismo que simplesmente não pode ser superado.

Sendo a regulação jurídica das "*derivative actions*" no Direito inglês algo assim insaturável sob o ponto de vista estrutural, insuscetível de ser exposto em sua integralidade, sempre arredio e tornando inatingível sua reprodução textual,[48] Imogene decide parar por aqui, pois as circunstâncias a obrigam a terminar (mas quem sabe até onde ela teria ido se tivesse podido contar com dois meses em Cambridge em vez de duas semanas?). Ela acredita estar em condições de pôr fim a um combate – um "duelo" – do qual ela não se sagra "vencedora" pelo fato de ter alcançado um estado de perfeição (o qual estaria sempre proibido no sentido de que ela não poderá jamais afirmar "eu o atingi, deu certo, eu 'dominei' o Direito inglês"), mas sim por ela achar que pode concluir um compromisso honroso que, como uma boa jogadora, ela concorda em assumir ao admitir que o jogo permanecerá para sempre aberto. Imogene constata que a submissão à incompletude do ato interpretativo, a aceitação do mistério, deve, em certo ponto, chegar a substituir a ambição de completude.

Como uma sofisticada analista de seu próprio trabalho, Imogene encara a (não-)relação do comparatista com o Direito estrangeiro sob a forma de luta. Ela trata, desse modo, de uma "(não-)relação" porque, uma vez que não se pode dizer tudo a respeito dele ("nenhuma leitura pode dizer tudo"),[49] o Direito

---

[48] *Cf.* LISSE, Michel. *L'Expérience de la lecture*. vol. 2. Paris: Galilée, 2001, p. 45: "Do texto, não temos controle nem conhecimento".

[49] *L'Expérience de la lecture*. vol. 2. Paris: Galilée, 2001, p. 84. Derrida explica que a problemática envolve um *a priori*. Ele

## II – IMOGENE AO TRABALHO

estrangeiro permanece inacessível, escapa a essa relação (entre o comparado e o comparante há a "transferência", que faz com que a congruência entre os dois espaços, a homologia, nunca alcance mais do que um certo grau). Mas o fato de haver essa impenetrabilidade obviamente não significa que a dimensão ideológica esteja ausente do processo de elaboração do Direito inglês ao qual Imogene se dedica. Nenhum comparatista escreve sem razão, sem propósito, e seria de um simplismo desconcertante pensar que a leitura de textos feita por Imogene, bem como a formulação que ela propõe em seguida na etapa da redação, além das citações que ela decide integrar em sua análise, não estariam coloridas pelas razões que animam o seu projeto. Uma vez que nenhuma reprodução do Direito é neutra, livre de qualquer ideia inspiradora que seja, como é que se poderia acreditar, por exemplo, que o comparatista que apoia a ideia de uma harmonização do Direito societário nos países da União Européia não se dedicará a uma leitura e a uma transcrição dos textos por ele considerados relevantes e que sejam, digamos, "euro-compatíveis"? Da mesma forma, se o comparatista tem por escopo demonstrar os impactos do Direito estadunidense no modelo

---

escreve, nesse sentido, que "[a] explicitação total é [...] por princípio impossível": DERRIDA, Jacques. "Préjugés". *In:* LYOTARD, Jean-François *et al. La Faculté de juger*. Paris: Editions de Minuit, 1985, p. 92.

inglês, a leitura e a construção que ele fará dos textos que selecionou como apoio para a sua argumentação – para a sua *invenção* – se encontrarão afetadas. E o mesmo ocorrerá se for necessário para o comparatista estabelecer a singularidade do modelo inglês em relação às suas fontes localizadas do outro lado do Atlântico. Mas a Imogene não se deixa enganar: nem a neutralidade, nem a imparcialidade têm lugar na pesquisa do Direito estrangeiro, e não há comparação *pura, imaculada*.

Para Imogene, portanto, não há dúvida: o comparatista que afirma estar fazendo um trabalho rigorosamente desinteressado e que deseja limitar-se, contra todas as suas inclinações, a uma mera descrição do Direito inglês e que, em nome das conotações passivas e estáticas que são imediatamente associadas a esta palavra, assegurasse que praticaria a *exegese* mais meticulosa, pois bem, esse comparatista não hesitaria em articular suas leituras, suas escolhas e sua redação à luz do projeto que o anima. Ele, assim, enfatizaria tal passagem porque lhe parece ir no sentido de uma estrita descrição do Direito, tal como ele entende a noção de "descrição", e descartaria um outro determinado trecho que lhe parecesse consistir em um tipo de especulação interpretativa que ele condena, de acordo com sua própria concepção de "especulação interpretativa". Apesar dos protestos que sem dúvida ele manifestaria ao ouvir isso, mesmo esse

## II – IMOGENE AO TRABALHO

comparatista que pretende dedicar-se somente, e tão-somente, a uma mera *descrição* do Direito, também ele será, sempre, o inventor dessa descrição. Mesmo ele, embora intervindo, digamos, com o mínimo de mediação enunciativa, teria – tal como os outros comparatistas – construído aquilo que ele encontrou. Ele se situaria, assim como os demais, no âmbito da *invenção da comparação*, porque mesmo o texto que pretenda ser a mais fiel reprodução consiste sempre em uma interpretação. Jean-Paul Sartre (1905-1980) não estava equivocado quando dizia — Imogene não esqueceu a frase que um dia lhe recitou seu francófilo orientador de doutorado em Oxford — "está 'no jogo', qualquer coisa que ele faça, marcado, comprometido".[50] Para falar tal como Pascal, que ela descobriu mais recentemente, o comparatista está "embarcado".[51] É que a sua leitura está sempre imersa em estratégias de embarque, de procedimentos de apropriação, de investimentos de força.[52]

Naquela noite, num restaurante indiano não muito longe de seu "*Bed & Breakfast*", Imogene

---

[50] SARTRE, Jean-Paul. *Situations, II*. Paris: Gallimard, 1948, p. 12.

[51] PASCAL. *Pensées*. SELLIER, Philippe (coord.). Paris: Bordas, 1991 [1658], p. 469.

[52] *Cf.* SPIVAK, Gayatri C. *Readings*. Londres: Seagull Books, 2014. p. 31: "Como se lê? A pessoa se insere dentro do texto do outro" ["*How does one read? One inserts oneself inside the text of the other*"].

repensa sobre a sua abordagem epistemológica, sobre o ato que ela pratica para aprofundar a aquisição de um conhecimento relativo ao Direito estrangeiro. Quando ela decide citar longamente o voto do juiz Jones e se contentar com uma breve referência ao voto do juiz Bray, Imogene faz um balanço daquilo que ela inventa sobre o Direito inglês, no sentido de que, simultaneamente, ela o encontra (os votos de Jones e Bray ainda não são fruto de sua imaginação) e ela o cria (os votos de Jones e Bray assumem a dimensão que ela lhes confere, revestem-se das proporções que ela lhes outorga, e gozam do significado que ela lhes atribui). Seguramente, o juiz Jones escreveu aquilo que ele escreveu, e Imogene, ainda que desejasse ardorosamente, não estaria em condições de fazê-lo dizer o contrário do que ele disse (afinal, quando ela lê o voto de Jones, Imogene vem ao encontro de *alguma coisa*). Mas, ao decidir citar uma passagem do julgamento em vez de citar outra, ou de simplesmente não citar nada, e ao escolher classificar o argumento do juiz como manifestação de ativismo judicial ou, em vez disso, interpretar a decisão como se ela se tratasse de uma leitura clássica dos textos legislativos, ao considerar que há aqui uma viragem da tendência jurisprudencial ou, ao contrário, uma simples confirmação desta, Imogene orienta o que foi "dito" do juiz Jones – ou mais precisamente, ela acaba de *dar peso* à ideia que nós faremos daquilo que teria sido "dito" por esse juiz. Em outras palavras, Imogene

## II – IMOGENE AO TRABALHO

vê claramente que ela tem em seu poder a capacidade de encorajar a leitura do voto do juiz Jones como se ele tivesse ido mais nesse ou naquele sentido. Se sua proposta ganhar acolhida, ela terá contribuído, portanto, para moldar a interpretação dominante da decisão de Jones – articulando a estrutura textual significativa dessa decisão – que então prevalecerá entre seus leitores, de maneira mais ou menos persistente. Imogene não ignora que o exercício de sua autoridade – ou melhor, de sua *auctoridade*[NT] – pode se mostrar particularmente significativo em um contexto em que, por se tratar de pesquisa comparativa, seus leitores no escritório de advocacia empresarial em Brasília, ou ao menos uma boa parte deles, não terão conhecimento algum do Direito inglês que lhes possa permitir realizar uma avaliação crítica. É preciso observar, em todo caso, que o juiz Jones precisa da ajuda de analistas como Imogene para que sua decisão produza significado. Sem um leitor, sem um comentarista, sem um intérprete, o julgamento permaneceria em silêncio. No fim das contas, ele restaria letra morta. O que foi por ele "dito", ou pelo menos a expressão do que foi por ele "dito" segundo

---

[NT] No original, o autor utiliza a expressão "*auctorité*", do francês antigo, que se aproxima da origem da palavra em latim (*auctoritas*), com o propósito de enfatizar que essa autoridade advém da *autoria* da pessoa, indicando que etimologicamente a palavra "autoridade" está imbricada com a noção de "autoria".

seus comentaristas – mais exatamente, a expressão, segundo seus leitores, de uma das possibilidades do que foi "dito" – permanece dependente da presença de um intérprete. Em suma, o texto não é autossuficiente e requer um interveniente, tal como Imogene, para fornecer-lhe um discurso editorial de escolta e, ao fazê-lo, atribuir-lhe um lugar ou um papel na ordem jurídica.

Tanto quanto for possível fazer isso para além da enraizada inadequação das palavras, apesar do efeito de *movimento* que lhes é inerente, a despeito de seu jogo – o significado das palavras nunca é garantido, porque a língua titubeia, como corretamente lembrava o antropólogo Michel Leiris (1901-1990)[53] – a ideia de "invenção" quer expressar, para Imogene, o fato de que ela constrói aquilo que ela descobre na biblioteca de Direito da Universidade de Cambridge, sendo que a construção e a descoberta se referem a dois atos aparentemente pouco compatíveis, porém, conjugados. Também o relatório que ela intitulará "*The English Law of Derivative Actions*" ("*O Direito inglês das ações derivativas*") mereceria, a rigor, e segundo um outro suporte lógico, ser acompanhada de uma fórmula que enunciaria, por exemplo, a precisão seguinte: "...*According to the Research That I Conducted Given My Knowledge of English Legal Culture*

---

[53] *Cf.* LEIRIS, Michel. *Langage tangage*. Paris: Gallimard, 1985.

## II – IMOGENE AO TRABALHO

*and of English Company Law at the Time, and in the Light of What Materials Were at My Disposal Where I Had Decided to Work and Given What Materials I Was Prepared and Able to Track Further and On Account of the Way in Which I Decided to Include or Exclude Certain Materials and Write About Them Bearing in Mind the Intellectual Goals That I Am Pursuing Here"* (de acordo com a pesquisa que eu conduzi, haja vista meu conhecimento em cultura jurídica inglesa e em Direito Societário inglês naquele momento, e à luz dos materiais que estavam à minha disposição onde eu decidi trabalhar, e em razão dos materiais que eu estava preparada e apta a buscar além daqueles, e em função da maneira pela qual eu decidi incluir ou excluir certos materiais e escrever sobre eles tendo em mente os objetivos intelectuais que eu estou buscando aqui).[54]

---

[54] De passagem, vale ressaltar que Imogene deliberadamente empregou a expressão *"ações derivativas"* para retratar em português-do-Brasil (e aqui me ocupo somente desse português) a expressão *"derivative actions"*. Se Imogene continuou o tempo todo consciente de que, ao traduzir uma palavra, nós a descartamos de sua coerência, arrancamos dela o que está implícito e a isolamos das vertentes teóricas que levaram a ela – pois um significante não flutua desse modo, a ponto de poder passar por cima de um significado e ser substituído sem qualquer ganho ou perda – quais eram suas opções? Ela não demorou a eliminar uma primeira possibilidade, a saber, a manutenção da locução inglesa, uma vez que essa solução fácil não cabe, em princípio, num texto em português escrito para ser lido por um público lusófono. Ademais, parecia-lhe que também era necessário evitar a locução em

português "*ação de responsabilidade de administradores de sociedades*", porque não é disso que se trata, de sorte que o leitor lusófono seria induzido em erro se essa expressão tivesse sido adotada. E mais: falar em "Direito inglês das *ações de responsabilidade de administradores de sociedades*" seria o cúmulo do ridículo: até nos jardins de infância ririam disso. Restava a estratégia de escrever o termo estrangeiro em português por meio de uma expressão que, em português, mas num português estranho, pudesse provocar o leitor lusófono. Assim, quando ele ler "*ações derivativas*", ele saberá que continua lendo em português, mas ele se dirá também que esse português não lhe é familiar, que se trata de algo que lhe é estranho. Ao fazer isso, sua atenção será demandada e ele se verá obrigado a perceber que se trata então de uma questão de Direito estrangeiro. Alguns teóricos da tradução, — Imogene pensa notadamente em Walter Benjamin, Antoine Berman e Lawrence Venuti — explicaram por qual razão, de um ponto de vista ético, é necessário frustrar o dever que a tradução há muito tempo tem abraçado, consistente em reconstituir a língua estrangeira dentro da familiaridade da língua de acolhimento, e, por conseguinte, perturbar a própria língua de acolhimento para torná-la hospitaleira à outra, à estranheza da outra, para conceder um lugar a essa alteridade. Ao mesmo tempo em que acomoda uma língua estrangeira, uma tradução deve, na realidade, também fazer ouvir aquilo que resiste a essa acomodação. Não se trata, portanto, de trazer para si mesmo um significado que veio de outro lugar, mas de forçar a si mesmo a sair de sua zona de conforto. A segunda opção mencionada anteriormente e rejeitada por Imogene, qual seja, a adoção do oxímoro "Direito inglês das *ações de responsabilidade de administradores de sociedades*", teria produzido o resultado exatamente inverso, ao forçar o Direito inglês a se espremer nos moldes do Direito brasileiro, em particular no que diz respeito à sua denominação. Contentar-se em recorrer a um instituto brasileiro conhecido pelos leitores de língua portuguesa para designar o Direito inglês simplesmente não faria

## II – IMOGENE AO TRABALHO

Muito melhor do que um título conciso que esconderia o papel necessariamente muito ativo do "eu" sob o disfarce da impessoalidade, uma tal fórmula – cuja inclusão no título pode certamente parecer excessiva – tem o mérito de expressar, pelo menos até certo ponto, o que Roland Barthes chama de "dificuldades dolorosas", que são listadas por ele da seguinte forma: "[D]eliberações, decisões parciais, difíceis, tribulações da vontade e do desejo, dúvidas, desencorajamentos, testes, bloqueios, obscuridades [—] toda uma *peregrinação*",[55] sem que esta última

---

justiça a este último. É preciso dar lugar a uma outra expressão original. E, para não "ferir a dis-juntura, a dispersão ou a diferença, [não] apagar a heterogeneidade do outro" (DERRIDA, Jacques. *Spectres de Marx*. Paris: Galilée, 1993, p. 58), é preciso provocar o leitor, por meio da fabricação de um neologismo ou da escrita de uma frase de acordo com uma ordenação das palavras ou uma construção sintática que retome o modelo estrangeiro (tal como "Direito inglês das *ações derivativas*"), um "efeito de agramaticalidade" (BONOLI, Lorenzo. *Lire les cultures*. Paris: Kimé, 2008, p. 98). Somente assim conseguimos insistir na irredutibilidade do idioma mesmo ao realizarmos a tradução, tal como se deve fazer (porque *é preciso traduzir*). Para dizer as coisas tal como disse Lisse, "o intraduzível é traduzível como intraduzível": LISSE, Michel. *L'Expérience de la lecture*. vol. 2. Paris: Galilée, 2001, p. 142.

[55] BARTHES, Roland. *La Préparation du roman*. LEGER, Nathalie (coord.). Paris: Editions du Seuil, 2003 [1978-1980], p. 235. Os itálicos são do texto original. Essa obra propõe uma transcrição dos cursos e seminários que Barthes ministrou no Collège de France.

ocorra sem suas reviravoltas, seus embates, com tantas peripécias de uma articulação progressiva das dúvidas do comparatista, às vezes suscitadas, às vezes abandonadas.

Seja como for, Imogene não tem nenhuma ilusão e não cede ao engano da duplicação ou da equivalência, da reconstituição de significados por meio de palavras que ela bem sabe serem inadequadas. Assim, ela se lembra da interpelação de Beckett: "[C]omo dizer? Como dizer errado?" (reescrevendo seu texto em inglês alguns anos depois, ele consignou: "*[W]hat is the word? What the wrong word?*".[56] Sua comparação – Imogene sabe disso e se recorda o tempo todo – é uma aposta perdida antecipadamente: é um perpétuo *work in progress*, que a obriga a romper com a própria ideia de "finitude". Ela também tem clara em sua memória esta frase de Derrida, um pensador que aos poucos ela aprendeu a admirar e reconhecer sua imensa relevância para o trabalho de interpretação de textos de Direito estrangeiro, e do qual ela se tornou inseparável: "Eu renuncio de antemão a reproduzir".[57] Ela admite, pois, que seu

---

[56] BECKETT, Samuel. *Mal vu mal dit*. Paris: Editions de Minuit, 1981, p. 20; BECKETT, Samuel. "Ill Seen Ill Said". *In:* VAN HULLE, Dirk (coord.). *Company, etc.* Londres: Faber & Faber, 2009 [1982], p. 51.

[57] DERRIDA, Jacques. "La veilleuse". *In:* TRILLING, Jacques. *James Joyce ou l'écriture matricide*. Belfort (France): Circé, 2001, p. 20.

## II – IMOGENE AO TRABALHO

texto, independentemente de suas pretensões de honestidade, jamais poderá constituir algo além de uma re-apresentação do Direito inglês, e que será, a rigor, uma nova apresentação dele, e portanto uma outra apresentação, uma apresentação diferente, necessariamente diferente, daquilo que seria essa entidade chamada de "o Direito inglês".

Quando se trata de relatar o "Direito inglês", seja como ele for, ao qual ela é impedida de ter acesso em razão de sua situação, Imogene está ciente de que sua empreitada, estabelecendo uma "realidade" que lhe é própria, está inevitavelmente destinada ao fracasso, não apenas pelo fato de que sua escrita nunca conseguirá dizer tudo daquilo que poderia ser legitimamente dito sobre o tema do Direito inglês das "*derivative actions*", mas também porque ela sabe que teria, por exemplo, que lidar com suas próprias inflexões interpretativas, deliberadas ou não, na medida em que ela aceita que é dependente de "suas" predisposições para conseguir que o mundo à sua volta faça sentido: como reconhecer um juiz estrangeiro como juiz, em vez de enxergá-lo como um político ou um poeta, senão a partir de uma ideia prévia de juiz que ela já carrega em si mesma? (insisto: Imogene não ignora que, por mais que seja possível formular uma clara separação entre o consciente e o inconsciente, nem todos os seus preconceitos – seus juízos prévios – estão à sua disposição, muitos deles permanecem dificilmente indetectáveis). Assim, Imogene admite que terá que aceitar um resíduo que nenhuma das modalidades conhecidas da re-apresentação conseguirá representar, de modo que o Direito inglês, volátil e em movimento, bem como fugaz, *inapreensível*, permanecerá em certos aspectos, apesar de todas as tentativas de se desdobrá-lo, rebelde à sua captura discursiva, um enigma, um segredo (a partir do momento em que a comparação não diz tudo aquilo que poderia ter dito sobre o Direito estrangeiro, pode-se sustentar que ela faz parte de uma economia da perda).

A essa gama de escolhas materiais feitas por Imogene – as quais fazem com que, se houver algo do Direito estrangeiro em seu texto, será sempre, em última análise, algo do "seu" Direito estrangeiro, assim como aquele que ela elaborou na "*Squire*"[NT] – é necessário adicionar o recurso a múltiplos processos literários, mais ou menos espetaculares, destinados a tornar a expressão mais viva ou mais significativa, e também mais convincente, voltados a *seduzir* seus leitores. Portanto, deve-se concluir, nessa análise, que o comparatista, situado em sua fábrica do contínuo, tão compositivo quanto escritural, só pode reivindicar a ficção como modelo heurístico, este último

---

[NT] Forma abreviada de se referir à *Squire Law Library*, nome da biblioteca da Faculdade de Direito da Universidade de Cambridge.

## II – IMOGENE AO TRABALHO

significando, na forma menos pior possível, as modalidades de uma relação singular do jogo do conhecimento comparatista que nós denominamos de maneira muito precipitadamente de "a verdade". Muito felizmente, Imogene entendeu que qualquer pretensa identificação da "verdade" implica, nessa análise, somente uma predileção por certos protocolos de fabricação de um conhecimento ao qual nós estamos dispostos, especialmente em razão de um processo frequentemente inefável de condicionamento cultural, a ser considerado como "verdadeiro". No fundo, Imogene tem plena consciência de que seu relatório sobre o Direito inglês está moldado na fôrma da ficção: ela oferece ao leitor um relato, o "seu" relato. Mas atenção! Quando se lida com "ficção", no entanto, Imogene invoca essa noção em sua extensão máxima, filosófica, e a articula no marco de um quadro cognitivo. Para expressar isso nas palavras de Foucault, "[a] ficção é o tecido das relações estabelecidas, através do próprio discurso, entre aquele que fala e aquele sobre o qual ele fala".[58] A proposta oferecida por Imogene, portanto, não está no plano do mito ou da falsidade, mas sim de uma estrutura de inteligibilidade e de um modo de discursividade. E ela não ignora o fato de que a ficção sobre a qual ela

---

[58] FOUCAULT, Michel. "L'arrière-fable". *In:* DEFERT, Daniel; EWALD, François (coord.). *Dits et écrits.* vol. 1. Paris: Gallimard, 1994 [1966], p. 506.

fala deve ser situada na forma de proceder que faz bem a ela, enquanto ela lê e escreve, e não na forma de proceder daqueles que produziram os textos que contém essa ficção (na verdade, nem o legislador nem o juiz estrangeiro pretenderam oferecer uma ficção). Apesar de tudo, é preciso considerar que em nenhum momento de seu trabalho Imogene considerou estar em condições de dizer e de comunicar a "verdade".

Uma vez que a comparação produz ficção, a rigor, o estudo de Imogene sobre o Direito inglês (como se existisse "*o*" Direito inglês...) é um texto *enganoso*. E ele o é ainda mais porque, por meio do ato de escrever, Imogene assujeita o Direito estrangeiro às palavras, às "suas" palavras (eu só adoto esse pronome possessivo para expressar as coisas economicamente, porque – insisto nisso – a língua não pertence à Imogene, e são as palavras que condicionam o seu comportamento, não sem violência). Ademais, Imogene bem sabe que sua redação sofre a influência de sua própria experiência, uma comparatista de formação jurídica mas também filosófica, de culturas jurídicas brasileira e francesa, e que sua escrita é também afetada pelo fato de seu contato com o Direito estrangeiro ter sido feito primeiramente através do Direito inglês (e, acessoriamente, pelo Direito estadunidense): essas experiências sussurram em suas palavras, ecoando ou ressoando; é por meio de, e contra, essa desordem que se desenvolve, para Imogene, a escrita do estudo

## II – IMOGENE AO TRABALHO

comparativo, e é assim que sua redação, suscetível a todos esses efeitos, é afetada por Imogene e por "seu" Direito, bem como por "sua" cultura jurídica.

Está ficando tarde. Imogene está prestes a sair para a estação, onde tomará o trem para Londres. Enquanto ela guarda seus últimos documentos, uma folha escorrega de suas mãos. Ao colhê-la, ela constata que são anotações que ela havia cuidadosamente escrito dois anos antes, durante um período de pesquisa em Chicago. Ela relê o que havia escrito:

**Notas sobre as orientações primordiais que devem informar qualquer pesquisa de Direito estrangeiro (portanto, qualquer comparação de sistemas jurídicos)**

"*Existir é diferir*".[59]

"*A força que destrói a aparência da identidade é a do próprio pensamento*".[60]

---

[59] TARDE, Gabriel. "Monadologie et sociologie". *In:* ALLIEZ, Eric (coord.). *Œuvres*. vol. 1. Paris: Institut Synthélabo, 1999 [1893], p. 72.

[60] ADORNO, Theodor W. *Negative Dialektik*. Frankfurt: Suhrkamp, 1966, p. 152.

PIERRE LEGRAND

*Texto – lugar do leitor – insustentável fora do texto
– o leitor nunca fica em frente ao texto que está lá,
diante dele.* (DERRIDA, Dissémination @ 322).

*Nós não dominamos nunca um texto. É o
texto que tem a última palavra.*

*Há fantasmas que assombram os textos que eu leio. Há também
meus fantasmas, aqueles que assombram minha própria leitura
(DERRIDA, Spectres @ 222: "Cada um lê, pensa, age, escreve
com seus fantasmas" – verificar a citação). Double bind. Tentar
cercar meus espectros.*

*Ler a obsessão textual, em todo caso. Repensar a leitura. Reabilitar
o reprimido do positivismo, o desvalorizado, aquilo que se evacua,
banido.*

*Ler de outra forma. Evitar a comparação superficial, a
insignificância.*

# referências bibliográficas

ADORNO, Theodor W. *Negative Dialektik*. Frankfurt: Suhrkamp, 1966.

AGAMBEN, Giorgio. *Stanze*. Torino: Einaudi, 1977.

BARTHES, Roland. "Fragments d'un discours amoureux". *In:* MARTY, Eric (coord.). *Œuvres complètes*. 2ª ed. vol. 5. Paris: Editions du Seuil, 2002 [1977].

BARTHES, Roland. *La Préparation du roman*. LEGER, Nathalie (Dir). Paris: Editions du Seuil, 2003 [1978-1980].

BECKETT, Samuel. "Ill Seen Ill Said". *In:* VAN HULLE, Dirk (coord.). *Company, etc.* Londres: Faber & Faber, 2009 [1982].

BECKETT, Samuel. *Mal vu mal dit*. Paris: Editions de Minuit, 1981.

BECKETT, Samuel. "Worstward Ho". *In:* VAN HULLE, Dirk (coord.). *Company, etc.* Londres: Faber & Faber, 2009 [1983].

BERMAN, P. S. "The inevitable pluralism within universal harmonization regimes: the case of the CISG". *Uniform Law Review*, Oxford, vol. 21, n. 1, pp. 23-40, 2016.

BERNHARD, Thomas. "Ist es eine Komödie? Ist es eine Tragödie?". *In: Erzählungen*. Frankfurt: Suhrkamp, 2001 [1967].

BOLLACK, Jean. *Sens contre sens*. Vénissieux (France): La Passe du Vent, 2000.

BONOLI, Lorenzo. *Lire les cultures*. Paris: Kimé, 2008.

BULTMANN, Rudolf. "Das Problem der Hermeneutik". *In: Glauben und Verstehen*. vol. 2. Tübingen: Mohr Siebeck, 1952.

DERRIDA, Jacques. *De la grammatologie*. Paris: Editions de Minuit, 1967.

_____. *Donner la mort*. Paris: Galilée, 1999.

_____. "Fidélité à plus d'un". *Cahiers Intersignes*, Paris, n. 13, pp. 221-265, 1998.

_____. *Force de loi*. Paris: Galilée, 1994.

_____. *L'Ecriture et la différence*. Paris: Editions du Seuil, 1967.

_____. *L'Oreille de l'autre*. LEVESQUE, Claude; et McDONALD, Christie V. (coord.). Montréal: VLB Editeur, 1982.

_____. "La veilleuse". *In:* TRILLING, Jacques. *James Joyce ou l'écriture matricide*. Belfort (France): Circé, 2001.

## REFERÊNCIAS BIBLIOGRÁFICAS

DERRIDA, Jacques. *Marges*. Paris: Editions de Minuit, 1972.

_____. *Mémoires*. Paris: Galilée, 1988.

_____. *Parages*. 2ª ed. Paris: Galilée, 2003 [1976].

_____. *Politiques de l'amitié*. Paris: Galilée, 1994.

_____. *Positions*. Paris: Editions de Minuit, 1972.

_____. "Préjugés". *In:* LYOTARD, Jean-François et al. *La Faculté de juger*. Paris: Editions de Minuit, 1985.

_____. *Spectres de Marx*. Paris: Galilée, 1993.

DERRIDA, Jacques; LABARRIERE, Pierre-Jean. *Altérités*. Paris: Osiris, 1986.

FOUCAULT, Michel. "L'arrière-fable". *In:* DEFERT, Daniel; EWALD, François (coord.). *Dits et écrits*. vol. 1. Paris: Gallimard, 1994 [1966].

FOUCAULT, Michel. *Qu'est-ce que la critique?* Paris: Vrin, 2015 [1990].

FOUCAULT, Michel. *Raymond Roussel*. Paris: Gallimard, 1992 [1963].

GADAMER, Hans-Georg. *Wahrheit und Methode*. 5ª ed. Tübingen: Mohr Siebeck, 1986.

GORDON, Robert W. "Critical Legal Histories". *Stanford Law Review*, Stanford, vol. 36, pp. 57-125, 1984.

HEIDEGGER, Martin. *Unterwegs zur Sprache*. Pfullingen: Neske, 1959.

KIERKEGAARD, Søren. *Papirer*. 2ª ed. THULSTRUP, Niels (coord.). vol. 1. Copenhague: Gyldendal, 1968 [1836].

KOFMAN, Sarah. *Lectures de Derrida*. Paris: Galilée, 1984.

LEGENDRE, Pierre. *Jouir du pouvoir*. Paris: Editions de Minuit, 1976.

LEIRIS, Michel. *Langage tangage*. Paris: Gallimard, 1985.

LEVINAS, Emmanuel. "Transcendance et hauteur". *In:* *Liberté et commandement*. Paris: Librairie générale française, 2016 [1962].

LISSE, Michel. *L'Expérience de la lecture*. vol. 2. Paris: Galilée, 2001.

MONTAIGNE. "Les Essais". *In:* BALSAMO, Jean; MAGNIEN, Michel; MAGNIEN-SIMONIN, Catherine (coord.). Paris: Gallimard, 2007 [†1595].

MONTESQUIEU. *De l'esprit des lois*. *In:* CAILLOIS, Roger (coord.) *Œuvres complètes*. vol. 2. Paris: Gallimard, 1951 [1748].

NANCY, Jean-Luc. *Etre singulier pluriel*. Paris: Galilée, 1996.

PASCAL. *Pensées*. SELLIER, Philippe (coord.). Paris: Bordas, 1991 [1658].

RORTY, Richard. "Response to Habermas". *In:* BRANDOM, Robert D. (coord.) *Rorty and His Critics*. Oxford: Blackwell, 2000.

ROUDOMETOF, Victor. *Glocalization*. Londres: Routledge, 2016.

SARTRE, Jean-Paul. *Situations, II*. Paris: Gallimard, 1948.

SPIVAK, Gayatri C. *Readings*. Londres: Seagull Books, 2014.

## REFERÊNCIAS BIBLIOGRÁFICAS

SPIVAK, Gayatri C. "Rethinking Comparativism". *New Literary History*, Baltimore, vol. 40, n. 3, 609-626, 2009.

STEPHAN, Paul B. "The futility of unification and harmonization in International Commercial Law". *Virginia Journal of International Law*, Charlottesville, vol. 39, n. 3, pp. 743-797, 1999.

TARDE, Gabriel. "Monadologie et sociologie". *In:* ALLIEZ, Eric (coord.). *Œuvres*. vol. 1. Paris: Institut Synthélabo, 1999 [1893].

WILSON, Geoffrey. "English Legal Scholarship". *Modern Law Review*, London, vol. 50, n. 6, p. 818-854, 1987.

ZWEIGERT, Konrad; KÖTZ, Hein. *Einführung in die Rechtsvergleichung*. 3ª ed. Tübingen: Mohr Siebeck, 1996.

A Editora Contracorrente se preocupa com todos os detalhes de suas obras! Aos curiosos, informamos que esse livro foi impresso no mês de Maio de 2018, em papel Polén Soft, pela Gráfica R.R. Donnelley.